高木陽子・高馬京子 編著
TAKAGI Yoko & KOMA Kyoko

越境するファッション・スタディーズ

●これからファッションを研究したい人のために

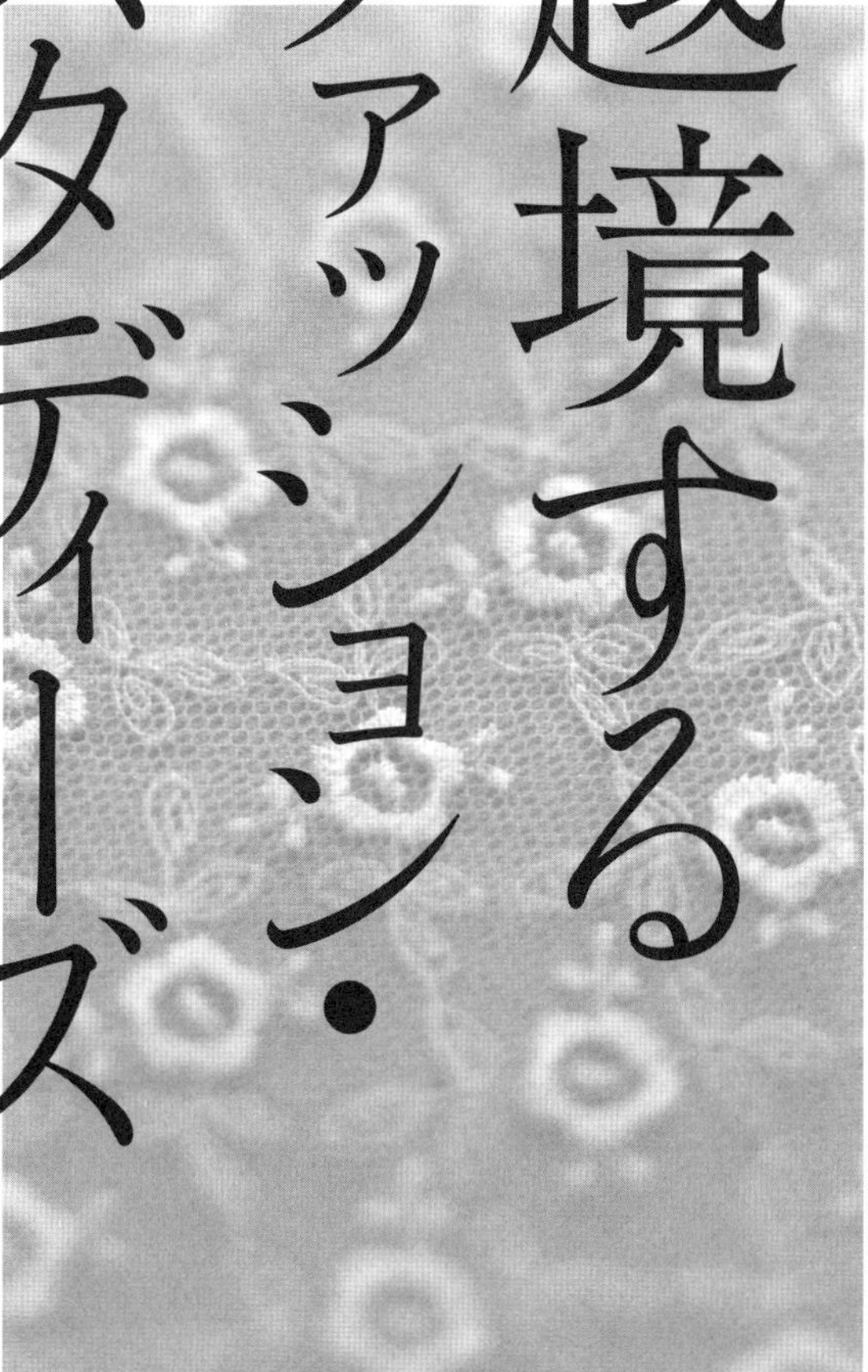

Transboundary
Fashion Studies

ナカニシヤ出版

はじめに

一　本書の目的

ファッションとは「もの」と「人間」の相互作業がおりなす制作物であり、また、イメージである。「芸術」と「技術」と「人間」と「社会」の関係がつくりだす文化的構築物であり、誰もが毎日接する「個性」を表現するメディアであり、芸術を産業に応用した「クリエイティブ産業」でもある。人間とその社会を理解するために「ファッション」の問題は、急速にその学術的重要性を増している。

絵画や彫刻が社会の象徴的な価値を担っていた二〇世紀前半に比べ、現代のファッションは社会的により大きな意義をもつようになっている。近年のグローバル化とデジタルメディアの技術革新にともない、ファッションは衣服デザインの域を超え、写真、音楽、映画などの諸芸術と相互依存し、国や地域の境を越えて新たな文化的表現を生みだしている。産業面に注目すれば、生産部門が人件費の安い途上国へと移転し、ファストファッションが大量消費を促進し、コピー商品が出回り、流行のスパンが早まり、また、素人が瞬時に世界中の多数の多様な人びとに評価され、店がなくても試着なしでも商品が売れる状況を生みだしている。また、生産国における労働条件の問題や、大量廃棄が地球環境に及ぼす影響も広義のファッション研究の対象となっている。さらに、異なる文化の接触や対立が増え、異文化理解がますます重要になっている昨今、文化的アイデンティティの自覚と表現に深く関わるファッションは、グローバル化時代の自覚と教養を構築するうえでも重要な役割を担っている。

しかし、わが国において、「ファッション」は、単なる「見てくれ」や趣味としてのスタイルの問題のようなイメージがつきまとうがゆえに、ファッションをテーマに論文を書くことに躊躇や困難を感じる研究者や学生がみられる。そもそも現在、日本には「ファッション学」という学問領域も、「ファッション学会」も存在しない。ファッション研究は、アートとデザイン、歴史学、社会学、ビジネスなどの学術領域によって分断され、研究者は個別研究に閉じこもり、また日本語での研究も多いことから国内に閉じこもりがちである。時代と地域を個別的に考察する単眼的方法では、ファッションの大局的な展望をとらえるには限界があるにもかかわらず。

ここであげたような問題をふまえ企図された本書は、これまで分断されてきた芸術学・言語文化・文化人類学・メディア論など人文科学を中心とする領域の出身で、国内外で研究活動を展開してきた研究者を集めた、越境の時代を考えるためのファッション・スタディーズ論文集である。その目的は、複雑に交差したグローバルファッションの歴史と文化の論点をあげて問題発見の手引きとするとともに、各領域に特有の調査分析方法や論文の書き方を並べることで、より開かれた学際的研究に資することである。

二　ファッション研究の歴史と現在

ファッションを「ある地域やある時代に流行している習慣や使用法。これらの特徴や雰囲気をもった型は、思想や芸術から衣食住にまであらわれるが、服飾に顕著にみられる。服装、フランス語起源のモードを含む概念」と広く定義してみよう。*Oxford English Dictionary* によると、芸術を産業に応用する「ファッションデザイナー」という職種（一九〇九年）や、商品としての作品を伝達する「ファッション誌」（一八七九年）などの言葉が定着したのは、一九世紀末から二〇世紀初めにかけてであった。

ファッションは、写真、グラフィックとともに商業美術として発展し、一九四八年に英国ロイヤル・カレッジ・オブ・アートで、ついでアントワープ王立美術アカデミーで制作の専門コースが設立された後、各地の美術アカデミーに広がり、美術の一領域としてみなされるようになった。ロンドン芸術大学のセントラル・セント・マーチンズカレッジやアントワープ王立美術アカデミーのファッション科は、世界各地から学生を集め、ファッション産業に貢献するデザイナーを輩出している。

ファッション・スタディーズは、ロンドン大学コートールド美術研究所に服飾史の学術ポストと、修士課程「服飾史」コースが設置されたことにはじまったことからもわかるように美術史に出自をもつ服飾の美的・歴史的研究からはじまった。当時、作品中に描かれた服装が制作年決定の鍵になるなど、美術史の問題を探究するためのファッション研究が求められていたのであった。この講座の設置に続き、学協会の設立がはじまる。一九六六年の英国コスチューム学会（The Costume Society）および学会誌 *Costume* の創設に続き、一九七三年には米国コスチューム学会（The Costume Society of America）が創立、一九七五年に学会誌 *Dress* が創刊された。

ほぼ同時期の一九七一年に、日本でも同類の服飾美学会と学会誌『服飾美学』が設立創刊された。お茶の水女子大学家政学部教授であり、また美学者であった谷田閲次は、単に衣服の造形を論ずるのではなく、衣服と人間の関係の探究と美意識の研究を重視し、人間理解を目的とする人文学の基本に立脚して服飾美学会を立ち上げたのであった[1]（谷田 一九六〇）。服飾美学会の設立は、英国コスチューム学会に五年遅れるものの、米国コスチューム学会創立よりも早い。明治期より、西洋の学術体系やトレンドを遅れて摂取してきた日本の学会のなかでは特筆すべきであろう。西洋起源の大学制度と日本古来の女子教育としての裁縫を融合させた家政学と被服学が、大学の講座や学会の制度として存在することで、研究者がライフワークとしてファッションの問題に安定的に取り組める研究環境が整備されたのであった。

さらに経済史・社会史の領域で、ファッションとテキスタイルの消費に対する関心が高まり、資料の定量化をめざす数量歴史学、歴史人類学、心性の歴史学が登場した。しかしながら、ファッションの記号としての役割、アイデンティティといった論点を探究する概念的研究や社会科学の研究が盛んになるには二〇世紀後半を待たねばならない。それは、既成の研究がドレスやコスチュームの物質性にばかり向かっていることを批判したリポヴェツキーの言い方を借りれば、ファッションについての問題は、教養ある人びとのあいだでは、ファッショナブルではない、と思われ

［1］「谷田閲次先生追悼特集」『服飾美学』第二八号、一九九九年三月も参照。

ていたからだ。というのも、ファッションはは存在的にも社会的にも劣った存在だから問題として探究するに値しないし、皮相なことがらとして概念的にも取り組む意欲もわかないと思われている状態であったためである。そこで、ポピュラーカルチャーと大衆の芸術を肯定的にとらえたリポヴェツキーは、ファッションを個人主義発展の歴史として考察し、デザイナー主導型の模倣の垂直法則の時代は一九六〇年代末には終焉し、その後、多様化（模倣の水平法則）の時代にとってかわり、ファッションこそが同時代の人間の文化的な生活の根幹をなす、民主主義の新たな構築だと論じたのであった（Lipovetsky 1987）。高田賢三、三宅一生、山本寛斎、川久保玲、山本耀司が国際的デビューを果たした状況を個性化の時代と読み、個性を表現する媒体として「ファッション」を理論の俎上に載せたことになる。

　ところがファッションの概念研究では、ファッションは諸学問領域の一研究素材としてしか扱われていなかった。経済学・社会学の観点では、顕示的消費概念を提示した『有閑階級の理論』（ヴェブレン 二〇一六）のソースタイン・ヴェブレンも、ファッション流行の特質である「同化」と「差異」、「トリクルダウン」を議論した「流行論」（ジンメル 二〇〇四）のゲオルク・ジンメルも、ファッションを含む趣味志向を決定づける文化資本、象徴資本等の関係について社会学的かつ人類学的観点から調査した『ディスタンクシオン』（ブルデュー 二〇二〇）やオートクチュールという文化生産の場の論理を分析した「オート・クチュールとオート・キュルチュール」（ブルデュー 一九九一）のピエール・ブルデューも、構造主義的記号論的観点からファッション雑誌の語彙、テクストの分析をした『モードの体系』（バルト 一九七二）のロラン・バルトも、かれらが生きた時代のファッションを概念的アプローチで分析しているが、かれらにとってファッションは、流行の構造分析や記号論の実験場であった。したがって当面の問題が解決すれば、別の対象へと移っていくわけである。ファッションは、哲学、社会学で、分析しうる対象となったが、ライフワークとして取り組む研究者は現れず、新しい学問領域の創設には至らなかった。

　ファッションに取り組む研究者として、日本では哲学者の鷲田清一をあげることができよう。ファッション誌『マリー・クレール』に連載したエッセイを『モードの迷宮』（鷲田 一九八九）として上梓してから約一〇年間、彼はファッション論を哲学の方法で分析し、『ひとはなぜ服を着るのか』（鷲田 一九九八）を残した。当初、鷲田はその恩師から、哲学者がファッションを論じるなど「世も末だな」と言われたが、それなしで生きていけないことを論じるのが哲学であり、服はその一つであると信じて研究をすすめた。その鷲田も、一九九〇年代中頃になると、服は自己表現に不可欠なものでなくなったと分析し、ファッション領域から離れていったのであった。[2]

各学問領域の一つの研究素材であったファッションが、ファッション・スタディーズという領域を形成しはじめたのは、二一世紀の転換期前後であろう。欧米圏の学会で、哲学、社会学に続き、ポスト・コロニアル研究と人類学がファッションを主題とすることで概念化が進み、ファッションは広く学術研究の俎上に載せられることになった。さらに、西洋の衣服と衣文化を対象とする西洋中心主義が批判され、非西洋文化圏を包括的に見渡す動きが進み、個性、エスニシティ、グローバルな資金・もの・アイディアのネットワークといった複雑なファッション文化のダイナミックスを分析する方向性がでてきた。このように複雑にからみあったファッション事象を多様な視点から学際的に論じようとする領域が、ファッション・スタディーズである。芸術学・歴史学・社会理論・文化人類学・民族学・博物館学・メディア論・映画理論・哲学・デザイン研究・ビジネス理論・文学理論などを分野横断的に研究する総合領域である。その成果は、Routledge や Bloomsbury といった学術出版社のサイトを見れば、とくに英語圏で著しく増加していることが明らかだ。さらに専門誌 *Fashion Theory: The Journal of Dress, Body and Culture*（一九九七–）および *Fashion Practice: The Journal of Design, Creative Process & the Fashion Industry*（二〇〇九–）の創刊で研究発表の場が整った。このようにグローバルな次元ではファッション・スタディーズの萌芽がみられるにもかかわらず、日本

［2］「（ニッポン人脈記）Tokyo・モード：8　服と人　正面から哲学」朝日新聞、二〇〇六年九月八日。「モード、もう魅力ない？哲学者・鷲田清一さんに聞く」朝日新聞、二〇一二年五月七日〈http://www.asahi.com/fashion/beauty/TKY201204300205.html（最終確認日：二〇二一年一〇月二七日）〉。

の研究環境には二つの問題がある。

一つは、領域間の分断である。日本には美術大学にファッション学科が存在しないように、ファッションを独立した学術研究や高等教育の対象と認識してこなかった歴史がある。教育機関に注目すれば服飾専門学校起源の、大量生産を前提とした工業としての衣服生産とビジネス、旧家政学部の家庭洋裁から発展した生活科学、そして美術大学の舞台美術／衣装製作の三系統に分断され、ファッションが日常の芸術的表現であり、コミュニケーションツールであり、芸術を応用した産業であることを前提としたグローバルな議論に参加できていない。

学術におけるファッション研究の位置を確認するには、科学研究費の審査区分表が参考になる。人文科学では「思想・芸術およびその関連分野」内の「美術史関連」にキーワード「服飾」が、社会科学では「社会学およびその関連分野」のなかの「家政学および生活科学関連」に「衣文化」が含まれている。しかし、審査区分表のキーワードに「ファッション」は存在せず、日本では、ファッションはまだ主要な研究テーマとして認知されていないことを示している。衣食住で隣接する建築をみれば、材料や設計設備の技術、環境、歴史など、応用科学と自然・人文社会科学のさまざまな学問領域が集合して建築学を構成している。分野横断的研究には理想的にみえる。ファッションにも、ファッション学やファッション学会があってよさそうだが、存在しない。その結果、ファッションの複雑な性格は、とらえがたいままになっている。

もう一つの問題は、国内外の研究の分断である。日本の研究者たちの多くは、時代と地域を個別的に考察し、日本語で論文を発表している。一方、ファッション・スタディーズの成果は、欧米の研究者が中心になって日本を含む地球規模の地域を対象とした研究を英語で発表している。その一部は日本語訳されている。しかし日本語の研究成果は、日本語を読まない研究者にとっては、存在しないに等しい。つまり、国内外のファッション研究の情報交換が成り立っていないのである。日本人研究者が国内へと閉じこもりがちな傾向にあり、日本国内からグローバルな研究コミュニティに向けた研究発表が乏しいことが原因で、西洋の研究者が植民地主義的視点から脱却できず、着物は日本の民族衣装であり、ファッションとしての流行がない固定した染織品だととらえる見方が、いまだに流布しているという悪循環がみられる。

以上の学術的背景を総括すると、グローバル化した現代社会において、ファッション・スタディーズの役割は急速にその重要性を増しているが、日本のファッション研究は、学術領域（制作、ビジネス、歴史など）によって分断され、研究者は個別研究へと閉じこもり、また英語圏と非英語圏の言語格差問題から国内に閉じこもっている。海外の研究状況を概観すれば、おおよそ、各言語圏内での議論にとどまり、欧州内でも英国とフランスのあいだのような、言語を超えた研究先進国間における共同研究は、ほとんどおこなわれていない状況にある。学術的コミュニケーションの欠落を補填するため、二一世紀にふさわしいファッション研究の国際的・学際的協働が強く求められている。

本書で提示することになる、一見ばらばらにみえる論文を接合させるのがファッション・スタディーズという枠組みである。ファッション・スタディーズは、ジェンダー研究や地域研究、建築学と同様に、他領域の専門家を集めて協働し、連帯することによって、ファッションをめぐる新たな問題や論点、解決法を抽出するコレクティヴな方法なのである。それによって、ファッションの複雑なあり方を紐解くことが可能になるのだ。

三　越境の視点

グローバル化とデジタルメディア技術の進歩にともない、ファッションの内容と形式は大きく変容している。ジャポニスムからヴェール着用など、他者や異文化と接触したときのジェンダーとアイデンティティの諸問題、ラグジュアリーの意味の変化と格差社会、メディア技術の進歩にともなうデザインから生産・流通・消費までの変化、染色と大量廃棄などの環境問題、高齢化や心身の健康までに関係している。産業の要請から、生産・展示・流通・消費の各段階でグローバル化が進み、デジタル化により物質性と創造性が切り離されつつある二一世紀の歴史状況のなかで、研究者は、芸術と産業の性格をあわせもつファッションにどのようにアプローチができるのだろうか。

近・現代ファッションとテキスタイルの、地球規模の各地域の接触、影響、伝播などのつながりや、接続と断絶の相互的関係や、共通点と相違点の比較は、これまで欧米の研究者たちによって、西洋対非西洋、植民者の近代的ファッション対植民地の民族衣装のように二項対立的に考察されてきた。そもそも分類し境界を設定することは、西洋近代全般にみられる試みであった。国民国家の誕生は国境をつくりあげ、植民地は西洋と非西洋の境をつくり、西洋起源の諸学問領域は本書で問題とする領域の壁をつくりあげた。

これらの境界を接合し関係づけるのが「越境」の概念である。越境研究の先行例をあげると、文化の形成と伝達を考察した岩渕功一（二〇一六）は、デジタル・コミュニケーションの技術発展により、消費者を含めた多様な行為者が縦横無尽に情報をやりとりし、文化やコンテンツが、言語や文化を共有しない地域間で受容・再編成され、発信されるトランスナショナル（transnational）な状況にあると指摘する。文化の一領域であるファッションでも、このモデルを検証する必然性がある。ファッションの地理的・文化的越境については、ファッションとアイデンティティ形成の関係について、スーザン・カイザー（Kaiser 2012）がインターセクショナリティ概念を取り入れ、国家、民族、年齢、ジェンダーといったさまざまな境界を越え「私」は何になろうとしているかを議論する。この議論でなされなかった非西洋の視点からのファッションの考察や、デジタルメディアへの言及などを補完することで、将来、アジアなど非西洋からの視点を含めた普遍的な理論に展開できる可能性があるだろう。

越境するグローバルファッションの複雑な様相を紐解くには、多様な領域出身のファッション研究者による共同研究が有効である。近年の成果に、一九世紀半ば以降のヨーロッパの近代性にのみ根ざしたファッションの定義を批判し、二次資料に大きく依存してはいるが、ファッション文化と新技術に関する芸術と美学の概念的枠組みを検討する *The End of Fashion: Clothing and Dress in the Age of Globalization*（Geczy & Karamarinas 2019）がある。また、西洋のモダニティとアイデンティティにもとづくファッションの一般的なモデルから脱却するために、脱植民地主義の立場からオリジナルな一次研究を集め、国際的な研究者間の議論を通して複数のファッションシステム

を提案する *Rethinking Fashion Globalization*（Cheang et al. 2021）は、国際的なファッション研究者のフォーラムTransboundary Fashion Seminar の一つの成果である[3]。

四　本書の構成

本書は、人文科学の多様な領域出身の研究者による一〇本の論文と解題で構成される。研究者の出身領域は、美術史・デザイン史（高木、本橋、トゥーレン）、言語文化学（高馬）、文化人類学（田中、中村、太田、沢辺）、メディア論（松本）、文化論（門傳）である。全体は、大きく「第Ⅰ部　地理的・時間的越境」「第Ⅱ部　アイデンティティの越境」の二部に分けられる。

第Ⅰ部では、地理的・時間的越境の観点から、西洋と非西洋、近代と伝統、洋服と民族衣装などの二項対立を疑い、西洋中心主義を批判し、脱中心化したグローバルかつ複数的な歴史としてのファッションを検討する。これまでのファッションの歴史は、基本的に西欧の価値観にもとづき、モダニズム史観あるいは進歩史観で書かれてきた。ここでは、修正主義的な方法論を発展させ、日本中心主義に陥らない、より平等なファッションの記述をめざす。

第一章で沢辺は、近代化の象徴的産業である養蚕に焦点を当て、そこで人びとが蚕とのあいだに培ってきた技術・想像力を概観することから、近代的な技術と土着的な信仰の二項対立を疑い、両者の関係性に接近する。養蚕の技術書や民俗資料などを「感覚の人類学（anthropology of the senses）」の視座を通して検証し、フィールドワークを経て、絹を人間と蚕（非人間）間の交感の軌跡と結論づける。第二章で高木は、デジタル技術の発展とともに地球上のさまざまな場所で収集・着用される着物に注目する。欧米の着物グループの活動観察と証言の収集から、国境を越えた着物と和装（着物を着る行為）がファッションとして受容される様相を分析し、洋服＝ファッションに対する着物＝民

［3］https://transboundaryfashion.wordpress.com/（最終確認日：二〇二一年九月一五日）

族衣装という二項対立的概念を疑い、着物は日本人の衣服であり世界には欧米を中心とする唯一のファッションシステムしかないというヨーロッパ中心的なファッション概念に異論を呈する。第三章でトゥーレンは、しばしば批判される研究者の主観と解釈に価値をおく人文科学のアプローチの厳密性に向き合い、合衆国の和装グループのナラティヴを分析し、着物と和装がコミュニティ形成に果たす役割を明らかにする。第四章で馬・松本は、中国の古都西安（長安）で、歴史的建造物を背景にレンタルした漢服姿を撮影しそのイメージをSNSで拡散させる観光客に注目する。「政策」「メディア」「観光」の三者関係に着眼しながら漢服イメージを分析し、イメージ製作から拡散までのプロセスは、真正性を問題としない中国らしさを象徴する服（漢服）イメージをとおした映像的コミュケーションであると看破する。第五章で本橋は、高田賢三、三宅一生、山本寛斎ら国際的に活躍した日本人ファッションデザイナーの出現を準備することになる田中千代に焦点をあて、戦後の洋装化のなかで欧米の流行を追うだけでなく、アジア、アフリカ、南米等を広く旅して民族衣装を調査・応用することで、西洋の規範にはない日本のモダン・ファッションの創造を試みた軌跡を歴史的にたどる。

本書の第Ⅱ部では「アイデンティティの越境」をテーマに各執筆者が論じた。各執筆者は自らがすでに有している既存のさまざまな枠組み、限界を越境して「私はだれになろうとするのか」について、またアイデンティティの越境と同時に何を超えようとしているのかを論じる。

第六章で田中は身体加工された刻印身体が集合的なアイデンティティを表す場合、身体加工の技術や意匠は文化的なものであるがゆえに、刻印身体は文化の境界を表すとする。グローバル化する現代においてこの刻印身体もまた移動し、文化的な境界を越境することを論じている。第七章で中村は、ヒップホップのファッション実践について論じるなかで、それは、単に自己アイデンティティや美学のわかりやすい指標であるにとどまらず、同時に世界への抗議、社会的侵犯、文化的再創造の顕れでもあるという規範の枠組みを越境していく力があるものとする。また、ファッションという視点とからめた近現代の規範的ジェンダー像については、第八章の門傳、第九章の太田、第十章の高馬が論じている。男性像については、門傳も本書のなかで引用するように、身体以外の、従来のステレオタイプ的像である、仕事や経済力に趣をおく男性の魅力（Steele 1989: 61）があるとされてきた。そのような西洋中心主義的な男性像に反し、門傳は、日本では、美しいという言葉で形容されることが多い男性の事例について論じ（第八章）、太田は、三〇代、四〇代になっても「男子」という未熟性を内包する言葉が「大人」という成熟を意味する言葉と合わせて使われることに問いを投げかける（第九章）。このような日本という場において、男性という枠組み、年齢という境界を越境し、西洋中心主義的な成熟した男性像が解体されている様子が議論されている。また、フランスのファッション雑誌を事例に、そこで描かれてきた西洋／フランスの理想的女性が、時代とともにいかなる規範を乗り越え、どう変化してきたのか、また、フランス（成熟）vs日本（かわいいで代表されるような未熟）という構図はまだ健在なのかについて第十章（高馬）で検討する。このように、それぞれ、文化の境界、世界への抗議のための境界を越えるという行為から、ジェンダーの境界、年齢の境界を越えるトピックまで、ファッションを通してさまざまに境を越えたアイデンティティ形成を論じている。

以上、本書『越境するファッション・スタディーズ』は、ファッションをめぐり近現代のグローバル化した世界と地域社会が抱える、ジェンダーとアイデンティティ、格差社会、メディア技術の進歩にともなうデザインから生産・流通・消費までの変化などの「越境」に関わる諸問題を、日本人と日本を拠点とする人文学出身の研究者の協働により、学際的かつ分野横断的アプローチで分析する。非西洋にありながら植民地にならなかった日本から、西洋中心主義を乗り越え、さまざまな境界を越境することで、近代を相対化し今日的課題にチャレンジしようとする一つの試みである。この試みが、広く人間や社会の独自性を理解し、異なる価値観や文化を尊重する態度を涵養することにつながり、ファッションをめぐるグローバル化する世界の現代的問題の分析と解決への一助となることを願う。

高木陽子・高馬京子

◉引用・参考文献

岩渕功一（二〇一六）『トランスナショナル・ジャパン――ポピュラー文化がアジアをひらく』岩波書店

ヴェブレン、T／村井章子［訳］（二〇一六）『有閑階級の理論』筑摩書房

ジンメル、G／円子修平・大久保健治［訳］（二〇〇四）『ジンメル著作集第七巻　文化の哲学』白水社

高木陽子（二〇一四）「芸術学としてのファッション研究の現在」『服飾美学』五九、三九–四七

谷田閲次（一九六〇）『生活造形の美学』光生館

バルト、R／佐藤信夫［訳］（一九七二）『モードの体系――その言語表現による記号学的分析』みすず書房

ブルデュー、P／田原音和［監訳］（一九九一）「オートクチュールとオート・キュルチュール」『社会学の社会学』藤原書店、二五一–二六四頁

ブルデュー、P／石井洋二郎［訳］（二〇二〇）『ディスタンクシオン――社会的判断力批判〈普及版〉Ⅰ・Ⅱ』藤原書店

鷲田清一（一九八九）『モードの迷宮』中央公論社

鷲田清一（一九九八）『ひとはなぜ服を着るのか』日本放送出版協会

Cheang, S., De Greef, E., & Takagi, Y. (eds.) (2021). *Rethinking Fashion Globalization*. London: Bloomsbury.

Geczy, A., & Karaminas, V. (eds.) (2019). *The End of Fashion: Clothing and Dress in the Age of Globalization*. London: Bloomsbury.

Kaiser, S. (2012). *Fashion and Cultural Studies*. Oxford: Berg.

Lipovetsky, G. (1987). *L'empire de l'éphémère: La mode et son destin dans les sociétes modernes*. Paris: Gallimard.

Steele, V. (1989). Clothing and sexuality. In: C. B. Kidwell, & V. Steele (eds.), *Men and Women: Dressing the Part*. Washington, DC: Smithsonian Institution Press, pp.42–63.

目次

解題

第 I 部

地理的・時間的越境

第一章　蚕の女神

養蚕の技術と信仰の重なりから

沢辺満智子

第一節　はじめに

衣服、それは身体と外界との境界に立ち、私たち人間を包むモノである。基本的に四六時中、私たちは身体に衣服をまとっているが、まるでそれは皮膚のように、常に私たちの身体に密着し、人間の身体と外界との境界線上に立って、両者を媒介しつつ、差異化する。

この衣服素材のなかで、とりわけ古い歴史をもつのが絹である。絹は、こんにちでも衣服に使用されている素材だが、日本で生産がはじめられたのは三世紀頃といわれる。また、絹の最古の歴史をもつとされる中国においては、その起源は約四五〇〇年前と考えられていたが、近年の調査では、約八五〇〇年前に作られた河南省賈湖の墓から絹織維の残留物が発見され、さらに古い歴史をもつ可能性も指摘されている[1]。

［1］中国科学技術大学は、八五〇〇年前に作られた河南省賈湖の墓の土壌から、絹のフィブロインの残留物が発見されたことを二〇一六年に報告した（Gong et al. 2016）。

　このように、アジアにおいて古い歴史をもつ絹だが、それは、蚕という虫が口から吐いた糸で作り上げる繭を原料とする繊維である。絹の歴史とはすなわち、人間が蚕を育てて繭をつくる養蚕の歴史でもある。日本では明治以降、絹は日本の最大の輸出品として国策に位置づけられ、積極的に生産奨励がされたため、明治後期には中国を抜いて世界一の生糸生産国になった。しかしながら、こんにち日本の養蚕は衰退の一途をたどって、全国の養蚕農家戸数は三〇〇件を下回る。とはいえ、グローバルな市場において、絹に対する需要が低下したわけではない。むしろそれは増加を続けている。こんにちでも絹の生産国は、ほぼアジアが占めており、そのなかでも圧倒的に中国がその中心となっている。多様な人工繊維が開発され続ける昨今においても、人びとの絹への欲望は消失することなく、むしろ増大しているのだ。そしてその欲望の充足は、大量の虫とともに同じ屋根の下に生きる人びとの営みによって支えられている。人間は蚕とどのような関係をつくりあげることで、絹を手にできるのか。それを知ることは、私たちの身体を包む素材、その素材による衣服の意味を考えるうえで、重要なことであろう。

　本章では、絹をつくりだすために人間が何世紀にもわたって営んできた養蚕に焦点を当て、そこで人びとが蚕とのあいだに培ってきた技術・想像力を概観することから、両者の関係性に接近する。この際、「感覚の人類学（anthropology of the senses）」の分析手法に頼りつつ、それら養蚕の技術や想像力において、人びとの身体感覚がいかに考えられ、価値づけられているのかについて注目する。

　感覚に注目して考察することの重要性は、人類学者のデイヴィッド・ハウズらによって九〇年代から牽引されてきた「感覚の人類学（anthropology of the senses）」で主張されてきたことだが、ハウズらは感覚（sense）を単なる生理的なメカニズムに規定されるものではなく、心と身体、概念とモノ、自己と環境といった二分法を超え、媒介するものであり、人びとがそれぞれに暮らす文化圏で、いかに他者や環境と関係しあっているのか、その関係性のあり方が現れる場所が「感覚（sense）」であると指摘する。よって異なる時代や環境に生きるのであれば、当然ながら感覚も異なって形成され、意味づけられ、価値づけられると考えられる（Howes 2003）。

大量の虫と暮らす生活は、快適な現代人の暮らしからは、まったくの異境の世界にすら思われる。しかし、そうした特殊な環境に生きる人びとの身体感覚には、蚕を育てるという繰り返し積み重ねた実践経験のなかで与えられた独自の意味や価値があるはずであり、そこに人間と蚕との関係のあり方が刻まれるのではないか。本章では養蚕の技術書、養蚕にまつわる民俗資料などを、「感覚の人類学」での視座を通して横断的に検証し、それらのなかで身体感覚がいかに意味づけられているのかを考察することにより、人間と蚕との関係に接近したい。

そして、上述したようなアプローチにより本章で明らかにされることとは、絹を生みだす養蚕の技術とは産業労働でありながらも、技術に付随する養蚕農家の身体感覚をつうじて、常に蚕神への民俗信仰と結びつきながら意味づけられていたという点だ。そしてまた、蚕を外界から守り豊繭を祈る対象であるこれら蚕神は（日本に限らず中国などでも同様であるが）基本的に女性（女神）とされてきた。なぜ、蚕神は一般的に女性化されて考えられるのか、という問いに対しても、養蚕農家の身体感覚を軸にして技術と信仰とを横断的にとらえることから考察を試みる。

第二節　育てる技術にみる人間と蚕——感覚的繋がり（sensory connection）

日本での絹生産は、さきに述べたとおり明治以降に国策に位置づけられたことから、急速な近代産業化が進められた分野であった。しかしながら、養蚕は工場化を拒み、こんにちに至っても農家ごとの手に頼る営為であり続けている。それは、富岡製糸場設立に象徴されるように、繭から糸を紡ぐ製糸のプロセスが、明治以降、個々の農家でおこなわれる手仕事から劇的に機械化・工場化されたこととは対照的である。科学知によっていかに蚕の生体に改良が加えられようとも、外部環境の変化によっては病気になり、また死んでしまうという蚕の繊細な性質は変わらなかった。

虫の命を原資とする養蚕業において、最も重要とされた技術実践は、蚕を育てる蚕室における温度・湿度の管理とされる。外部環境に非常に敏感な蚕は、適温のなかで、かつ通気性ある環境に育てられなければ、病気にかかったり、また桑を十分に食べずに成長しなかったりして、繭の品質に多大なる影響を及ぼす。蚕の白い表皮はすべすべしているが、農家は餌となる桑やりや蚕たちの糞尿の片づけをしながら、常に数多の蚕に素手で触れ続ける。養蚕において手袋を使用することは御法度とされる。手袋の繊維が蚕の表皮を傷つけるリスクがあるだけでなく、養蚕農家にとって、蚕に素手で触れることは、虫の温度や状態を指先で把握するうえで重要であり、それらの情報をもとに、常に蚕室の環境は整えられるからだ。変温動物である蚕は、冷たいところに置かれればひやっとし、暖かいところだと熱をもつ。このように養蚕とは、飼育者にその皮膚感覚を常に研ぎ澄ませておくよう要求する。

太子曰、蚕を養ふは、父母の赤子を育つるがごとし。蚕を思ふ事我子を思ふごとくせよ。

（「上巻・日本蚕始りの事」『養蚕秘録』）

これは、養蚕を日本に政策的に奨励した祖ともいわれる聖徳太子の教えと伝わる文言で、江戸時代や明治初期に編纂された養蚕技術書に、たびたび引用される一節である。右記は近世の養蚕技術書のなかで最も多く読まれたとされる、一八〇三（享和三）年に発行された上垣守国著『養蚕秘録』での記述を引用した。[2] 蚕を人間の赤子と重ねるその教えからは、蚕につきっきりになる飼育者の姿が浮かびあがる。

蚕を子どものようにして育てよという教訓が伝わるのは、けっして日本に限ることではない。中国江蘇省および浙江省の養蚕農村で一九九五–一九九六年に渡ってフィールド調査をおこなった Julie Broadwin は、つぎのように報告している。

蠶娘[3]は、蚕と感覚的な繋がり（sensory connection）をもっているとされる。もし蠶娘が寒ければ、蚕の近くのストーブをつける。もし蠶娘が空腹を感じれば、より多くの桑を蚕に与える。蚕室の温度は、蠶娘が一枚の衣服を

> まとって心地よいと感じる温度に設定される。また母親になると、蚕とのあいだに構築するのと同様な感覚的繋がりを、自分の赤子に対してももつようにと教えられる。
>
> （Broadwin 1999: 33、引用者日本語訳）

赤子と同様に蚕に接せよと説くのではなく、蚕と同様に赤子に接せよと説いている点が興味深い。ここでは、子育てと養蚕に共通することとして、両者のあいだに構築される感覚的繋がり（sensory connection）が指摘されている。赤子とは自らの言葉で母親に自分が感じていることを説明することはできない。だからこそ、母親は赤子につきっきりになり、自らの身体感覚をつうじて、その赤子の感覚・感情に接近しようとする。それは、蚕への接し方とまったく同様だというのだ。養蚕農家は自身の心地よさのためでなく、あくまでも蚕自身の心地よさのために、自らの身体感覚を駆使するよう要求される。つまり、養蚕をおこなう場面においては、人間と蚕のあいだで感覚が一致していると考えられており、ここにおいて人びとの身体感覚とは、蚕と人間というまったく異なる生物間を媒介するものとして機能している。

こうした蚕と養蚕農家との感覚的繋がりは、先の聖徳太子の教えにも現れるように、日本の養蚕技術においても非常に重要視された点である。それは、古代から中世・近世に限られたことでなく、明治以降の近代においても同様であった。つぎに引用するのは、明治から大正期という日本で最も養蚕が栄えた時期に、農家から絶大な信頼を集めた群馬県藤岡市の養蚕技術民間学校・高山社の町田菊次郎校長によって一九〇四（明治三七）年に執筆された『養蚕法』の一節である。

---

［２］『養蚕秘録』の引用文の参照元は、山田ら（一九八一）である。

［３］蠶娘とは、養蚕において中心的役割を果たす女性に与えられる中国の呼称。

> 養蚕の豊凶は空気利用の如何にあり。［…］空気利用とは蠶室内の気候を蠶兒の好む所に従て自由自在に運用するにあり。
>
> （「第十章　空気利用」（町田　一九〇四））

繭の豊凶は、養蚕をおこなう蚕室の温度や湿度調整といった「空気利用」が肝であると述べたうえで、その空気利用は「蠶兒の好む所」に合わせるよう説く。しかしながら、蚕が好む所とは、どのようにつくればいいのだろうか。町田は空気利用において重要視すべきものは「空気の感應」であり、それは飼育者自身の「居心」であると指摘している。

> 空気の感應とは即ち室内に於ける居心なり是又育蠶上の肝要事なり。［…］験温器の微表にのみ托せずして居心の如何に頼らざるべからず。
>
> （「第十章　空気利用」（町田　一九〇四））

蚕が好む蚕室環境を作るために、養蚕農家が最も注意すべきは、「験温器」が示す数字でなく、自らの「居心の如何」であると述べられている。つまり、ここでも人間が居心地良いと思う状態が、蚕が好む状態であると考えられているのであり、ここに蚕と養蚕農家との感覚的繋がりがはっきりとうかがえる。科学的な知見からいえば、蚕と人間とが同様の感覚・感情をもつということは当然ありえないということになるだろうが、ここにおいて科学的客観性は問題ではない。問題とすべき点は、蚕が人間と同じように外部環境を感じ、またそれに対して好む・好まざるという感情をもっていると、蚕に向き合う人びとが当然のように考えている点である。

養蚕が一家の主要な収入源であった頃、蚕を育てる蚕室には、たいがい農家の母屋が利用されていた。群馬県や長野県、山梨県など、かつて養蚕が盛んにおこなわれていた地域に現在でも残る農家建築をみれば、それが蚕の育成に適するよう、屋根に天窓が設けられて通気性が図られた建築様式となっていることがわかる。農家が日々の暮らしを営む空間そのものが、蚕の生態を基準としてデザインされているのだ。いかに人間が深く蚕の生体に寄り添いながら、自らの生活環境を整えていたのかがわかる事例である。養蚕技術書では繰り返し、蚕室の環境を適切に整えるようにと説かれるが、そのために重要となるのは、飼育者が蚕室での経験を積み重ねて、身体をつうじてその空間について熟知していることだとも説かれる。その意味では、農家の人びとが日常的に暮らし、よく知っている場所で養蚕をおこなうことは、合理的な判断でもあった。

　養蚕の期間中、桑を食む無数の蚕があふれる蚕室で、人間は蚕と自らの身体感覚を一致させようと試みながら、技術を施していた。そしてこの養蚕という営為に中心になって携わったのは、おもに女性たちである。養蚕が女性たちの仕事とされてきた背景には、畑仕事などの屋外の労働が男性によっておこなわれる一方、家内労働はおもに女性たちがおこなうという伝統的な男女の分業体制が強く影響している。その他にも、病にかかりやすく、死にやすい蚕の育成や蚕種[4]生産において、女性の身体がもつ生む力（生殖能力）が重要な意味をもつと考えられていた要因も指摘できる[5]。養蚕が女性の仕事とされる地域は、日本に限ったことではなく、中国や韓国、ベトナム、インドなどのアジア圏、さらにイタリアやルーマニアなどのヨーロッパ圏と、広汎な地域に共通することである。

［4］蚕種とは蚕蛾が生む蚕卵のことを指す。
［5］蚕を育てる過程において、女性の生殖能力が重要な意味をもっていたとされることを指摘する論考には、Broadwin（1999）、倉田（二〇〇九）、Zanier（2019）、沢辺（二〇二〇）などがある。

第三節　起源説話にみる人間と蚕――身体的同一性

ここまで、養蚕技術においては、農家の身体感覚は蚕と人間とを媒介し、両者のあいだに繋がりをつくりだすものとして機能していることを確認してきた。ところで、両者のあいだに感覚的な繋がりがあることは、一般的にはその感覚を形作る身体においても、同一性があることを意味する。母親と子どものあいだに感覚的繋がりがあるのは、当然ながら、赤子も母親同様に人間であり、両者は成長の段階こそ違えども、同じ種族であるからである。一方で、虫である蚕と哺乳類である人間とのあいだには、身体的同一性はまったく存在しない。しかしながら、蚕と人間の身体的同一性は、養蚕農家が信仰した蚕神たちの起源神話や説話といった想像世界において、はっきりと見出すことができる。ここでは、人間と虫という身体的特徴をまったく異にする二者を媒介し、両者に身体的同一性をもたらす役割としての蚕神をみていきたい。

日本における蚕の起源は、神話の形をつうじて和銅五年編纂の古事記にも語られる。女神・大気津比売《おおげつひめ》が、高天原から追放された須佐之男命《すさのおのみこと》に斬り殺され、その死体の頭に蚕を化生させるという神話だ。大気津比売は養蚕守護を司る蚕神とも考えられている。記紀に語られる蚕の起源神話以外にも、民間説話として広く知られる蚕の起源説話がある。有名な説話は、「金色姫物語」と「馬と娘の物語」であろう。金色姫物語はつぎのような話だ。天竺の姫として生まれた金色姫は、継母から疎まれ四度にわたって殺されかけるが、そのたびに奇跡的に助けられて生還する。天竺にいては不幸に見舞われると考えた姫の父親が、小舟で海に送り出す。舟は日本へ漂着して漁民夫婦によって金色姫は発見されるが、そこで息絶え、死体から蚕が生まれたという話。金色姫は、おもに関東甲信越地域において養蚕守護の女神として広まった。

一方、馬と娘の物語は、つぎのような話である。父の留守中に娘が馬と恋仲になり、それを知って怒った父が馬を殺す。馬を愛しく思った娘は、死んだ馬に近づく。すると馬が動いて娘を包み、そのまま娘は馬と一緒に昇天してしまい、その後、蚕に化生するという話。馬と娘は「オシラ様」として神格化される。これに似た話は、柳田國男が一九一〇（明治四三）年に発表した『遠野物語』にも収録されており、「オシラ様」は広く知られるところである。「オシラ様」や、馬に女神が騎乗する菩薩像は、東北地域を中心に、養蚕守護の神として信仰されている。また中国には、この馬と娘とほぼ同様である「馬頭娘」の話が、四世紀に作られた『捜神記』に収録されている。Broadwin は、中国・江蘇省の養蚕農村で最も信仰を集める蚕神とは、馬と一体化した娘・馬頭娘であり、またその他の蚕神も含め、基本的に蚕神はすべて女性とみなされていることを報告している（Broadwin 1999: 22–28）。

　ここにあげた蚕の起源神話や説話は限られた事例ではあるが、そのいずれにおいても、女性とその死が蚕の誕生に深く関わっている点は共通している。絹をつくりだす蚕は、信仰の世界では女性の身体に化生すると頻繁に考えられており、よって女性の霊性を備えた存在とみなされることが多い。

　蚕の起源を神話や民話に求めようとすると、上述したような女神たちの存在に行き着く。しかしながら、これらの女神は果たして、絹という素材のように、日常世界に深く関わる神であったのだろうか。結論を先に述べるならば、これら蚕神は実に広く親しまれた信仰対象であった。とくに明治以降、蚕糸絹業を国策に位置づけた日本では、一九二七（昭和二）年には全農家戸数の約四〇％にあたる二二一万戸が養蚕業に携わったが、多くの養蚕農村では養蚕守護と豊繭を祈ってさまざまな蚕神が盛んに祀られ、流行神とよばれたほどであった。当時の最先端の科学知が導入されながら、蚕の品種改良が盛んにおこなわれるなかに進む近代産業だった蚕糸絹業。そうした時代をリードする近代産業にあっても、いささか奇怪ともいえるような伝説をもとにした女神たちが、農村地域では蚕神として豊かに信仰され続けた。

　ここからは、「金色姫物語」についてもう少し詳しくみてみたい。金色姫物語の発祥について詳しいことはわかっていないが、一五九八（慶長三）年の『庭訓往来抄』や一七一七（享保二）年の『広益俗説弁』などにも収録されており、すでにその当時において広く知られていたことが推察される。また、本章でもたびたび引用している一八〇三（享和三）年発行の養蚕技術書『養蚕秘録』にも金色姫物語が収録されていることから、多くの養蚕農家たちによって知ら

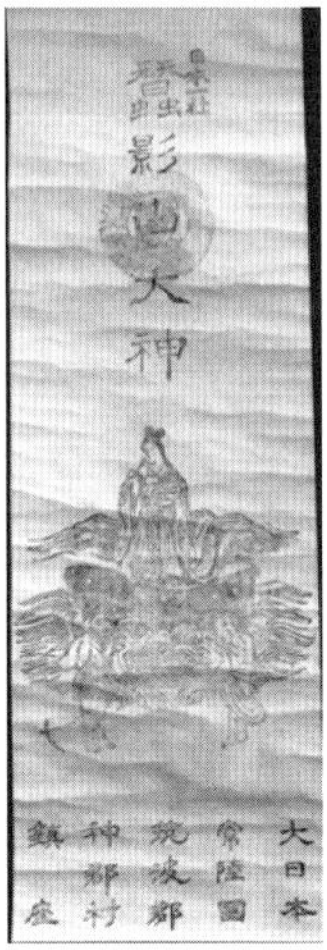

図 1-1　蚕影山大神御影
（筆者撮影）

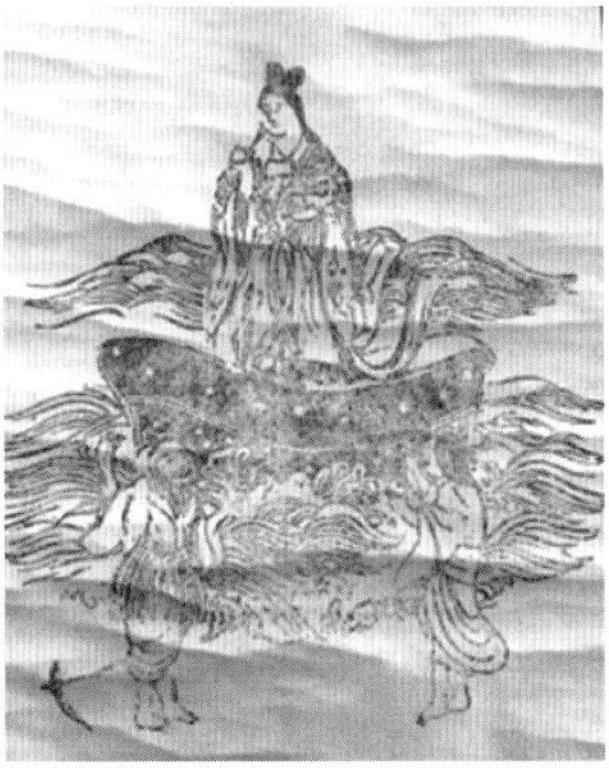

図 1-2　御影部分拡大
（筆者撮影）

れた物語であったことがわかる。天竺で四回殺されかけた姫が、漂着した日本で死に絶え蚕になるというこの奇怪な物語は、実はとある神社の由緒としても伝わる。その神社とは、茨城県つくば市に鎮座する蚕影神社だ[6]。その名から明らかなように、蚕の霊を祀る神社であり、養蚕守護を祈願する神社とされた。金色姫物語の養蚕地域への伝播は、養蚕業の興隆にともなって蚕影神社が全国各地に分社を設けるなど、蚕影信仰を積極的に布教していくなかでおこなわれたことでもあったとされる。蚕影神社は、船に乗って日本に漂着する金色姫の御影を蚕影山大神として盛んに配布するなどして、信仰を集めていったのだ（図1-1・図1-2）。

蚕影信仰圏であった神奈川県麻生区黒川地域は、養蚕農家である女性たちが集まって飲み食いする蚕日待の行事で唄われた「蚕影山和讃」が伝わっている。榊、御神酒、料理が金色姫の御影の前に供えられ、集まった女性たち全員に唄われた和讃である。この和讃は、平成の時代に至っても黒川地域の女性たちに伝承され続け、こんにちでは川崎市の民俗芸能に指定されている。

この和讃の前半は、天竺の姫が四度にわたって継母に苦しめられ、その顛末として日本に漂流して蚕に生まれ変わるという金色姫の生涯について唄われる。興味深い箇所は、その後に続いて唄われるこの和讃の後半である。その一部をつぎに引用する。

われら蚕の　一族は
自然の陽気　そのままに
かたきのおらぬ　桑畑の
梢にやどりて　良き桑を
おもうがままに　いただきて
みなとなのかの　定命を
そなえて固き　繭つくり
なかに蛹を　蛾にかえて
子孫の長久　はからんと
浮世の人に　すがりしが
けんどん邪険の　人ばかり
われらの心を　知らずして
かたきの　多い　蚕室に
にせの　陽気を　作りつつ
桑　くさらせて　食べられず
そのひもじさは　やがてまた

［6］金色姫物語を神社の縁起として伝えているのは、茨城県つくば市の蚕影神社のほかにも、茨城県日立市川尻町の蚕養神社、また茨城県鹿島郡神栖町日川の蚕霊神社がある。それぞれの神社に伝わる金色姫物語は、若干内容は変化しながらも、天竺の国で受難した金色姫が小舟に乗って流され、その地で蚕に化生するという筋書きは同様である。

病の　もといと　なりにけり

（岡谷 一九九一）

「われら蚕」と唄われるように、この和讃での主語は蚕である。一方で人間は、われら蚕のことを十分に理解せずに、蚕室の環境調整を間違い、腐った桑を与える「邪険な人」として客観的に語られる。金色姫という継母に重ね重ね痛めつけられた不遇な身から生まれ変わった蚕＝われら。しかし、蚕となってからも、多くの人間が「われらの心を　知らずして」、間違った扱い方をすると批判する。養蚕農家女性たちが唄う和讃の世界では、主体は人間でなく蚕となり、一方で人間は客体となる。この和讃において、「われ＝蚕」と唄われることが象徴するように、人間同様に、蚕もまた外部環境を繊細に感じうる、感覚と心をもった存在とみなされているのだ。「蚕影山和讃」の前半で唄われるように、蚕は天竺の姫という人間の生まれ変わりであるから、蚕もまた人間同様に感覚や感情をもつとされるのは当然の流れとも読める。蚕日待とは、養蚕農家にとって蚕神たる金色姫への信仰心を表す行事であるが、ここでは、養蚕農家が自らの心身を金色姫＝蚕のそれに重ね合わせることが信仰実践となっている。

このことは、先に見た高山社が説いていたような養蚕技術上の重要点と、同じことを説いていないだろうか。つまり、蚕と人間のあいだに感覚的繋がりをつくりあげることの重要性である。感覚的繋がりを構築するうえで重要な点は、人間と蚕のあいだに、主体／客体、飼育する者／飼育される者、人間／非人間（虫）としての二項対立を設けないことである。女性の身体から生まれ蚕に化生する金色姫という蚕神は、この二項対立を転倒させ、また媒介する役割を果たしているといえるだろう。蚕神に導かれながら、人間は自らの身体感覚を、女神でもある蚕の感覚・感情に融解させることを試みる。その作業に真摯に向き合うことは、蚕神への信心を示すだけでなく、養蚕技術を高めることにも繋がっている。

群馬県や長野県では、戦前頃まで蚕に桑を与えることを「お蚕様に桑を進ぜる」と表現する地域もあったそうだが、この言葉に明らかなように、養蚕農家にとって養蚕技術と蚕神信仰は切り離しがたく混ざり合って経験される。それが最も顕著に現れているのは、蚕の四度の脱皮の呼称ではないだろうか。金色姫物語が伝播していた養蚕地域では、かつて、蚕が生涯に経験する四回の脱皮を、「獅子休み、鷹休み、船休み、庭休み」とよぶことがあった。蚕は脱皮をするあいだだけは桑を食べることをやめて、体を静止させながら、古くなった表皮の皮をゆっくりと脱ごうとする。そしてこの脱皮の呼称である「獅子・鷹・船・庭」とは、金色姫が天竺で継母に苦しめられた出来事を意味している。獅子山に捨てられる最初の受難、鷹山に捨てられる二度目の受難、船で無人島に流される三度目の受難、庭に埋められる四度目の受難である。なぜ脱皮のステージが、金色姫の受難と重なるのか。筆者が以前、群馬県富岡市の養蚕農家でフィールドワークをおこなった際、脱皮のステージを迎えた数多の蚕を前に養蚕農家女性は、「お蚕さんが汗かくようになってる。大変な仕事なんだろうと思うよ。疲れるんじゃないかな」といっていた。脱皮のステージで表皮を脱ぎきれず、死んでしまう蚕も多い。自らの身体感覚を蚕に重ね合わせている養蚕農家にとって、脱皮とは身体的な受苦を容易に連想させるのだ。

第四節　おわりに——絹・人間ならざるものとの交感へ

これまで、養蚕の技術や信仰において、人間の身体感覚がいかに意味づけられ、価値づけられているのかに注目することから、人間と蚕の関係をとらえてきた。繊細な蚕を育成する養蚕技術においては、蚕室を常に適切な状況に整えておくことが重要であった。そうした技術上の必要性から、養蚕農家は自らの身体感覚を蚕のそれと一体化して考え、蚕に感覚や感情を見出す想像力を培ってきた。ここで蚕神とは、蚕と飼育者である人間というまったく異なる生物間の身体的一体性を体現し、またそれを強化する存在として現れるが、おもにそれらは女神として女性化されてきた。この背景には、蚕に日々向き合い、その虫に身体感覚を接近させようと試みる主体が、おもに女性たちであったことが深く関係しているだろう。飼育者である女性たちにとって、蚕神が蚕と自身との身体的一体性を強化する存在として機能しているのならば、飼育者同様に女性として考えられている方が適していたからだ。このように養蚕のなかに展開される技術・想像力を、農家の身体感覚に注目して考察することで、蚕を前にして展開される日々の技術実践が、蚕に対する信仰実践と切り離せない営為であることがみえてくる。

　絹とは、その生産プロセスを踏まえて考えてみると、人間が身体感覚をつうじて、蚕という人間ならざるモノ（または自然）に交感した軌跡として手にされる素材とはいえないだろうか。そして、この人間と非人間（自然）とが、身体感覚をつうじて交感するという点に、モノと人の関わりを考える一つの糸口があるのではないだろうか。絹という素材が身体を包むとき、それは身体と外界との境界をつくりながらも、まるで皮膚のようにして人間の身体と一体化し、外界と媒介する。絹をまとうことは、人間にとって、自然と交感する一つの方法なのだ。

◉引用・参考文献

岡谷典子（一九九一）「川崎の養蚕と信仰――記録映画『川崎の養蚕と信仰』補足解説」『市民ミュージアム紀要』四、五〇-六三
倉田あつ子（二〇〇九）『女性民俗誌論』岩田書院
沢辺満智子（二〇二〇）『養蚕と蚕神――近代産業に息づく民俗的想像力』慶應義塾大学出版会
町田菊次郎（一九〇四）『養蚕法』高山社同窓会
山田龍雄・飯沼二郎・岡　光夫［編］（一九八一）『日本農書全集35　養蚕秘録・蚕飼絹篩大成・蚕当計秘訣』農山漁村文化研究会
Broadwin, J. (1999). *Intertwining Threads: Silkworm Goddesses, Sericulture Workers and Reformers in Jiangnan 1880s–1930s.* Doctoral thesis, University of California.
Gong, Y., Li, L., Gong, D., Yin, H., & Zhang, J. (2016). Biomolecular evidence of silk from 8,500 years ago. *PLOS ONE, 11*(12).
Howes, D. (2003). *Sensual Relations: Engaging the Senses in Culture and Social Theory.* Ann Arbor, MI: University of Michigan Press.
Zanier, C. (2019). *Miti e Culti della Seta: dalla Cina all'Europa.* Padova: CLEUP.

第一章　解題

衣服、それは身体と外界との境界に立ち、私たち人間を包むモノである。この衣服素材のなかで、とりわけ古い歴史をもつのが絹であり、その繊維は、蚕という虫が口から吐いた糸でつくりあげる繭を原料とする。絹の歴史とはすなわち、人間が蚕を育てて繭を作る養蚕の歴史でもあった。

　アジアで太古から人びとに使われてきた絹だが、日本では明治以降、外貨を獲得するための輸出品として位置付けられ、養蚕業は日本の基幹産業となる。明治・大正・昭和と経て第二次世界大戦に至るまで、国家による産業奨励と蚕の品種改良などによる技術改良がなされて、劇的な生産性の向上を遂げた。それはまさしく、日本の近代産業化を象徴する産業であったといっても過言ではない。

　しかしながら、これだけ近代産業化へのエネルギーが費やされた産業でありながらも、蚕を育てるという養蚕は、現代に至るまで工場労働化されることなく、前近代からの在来技術を基盤とする手仕事に頼る部分を多くもっている。近代化の象徴的産業に位置づけられながらも、なぜ養蚕は工場労働化されえず、女性たちの手労働として展開され続けたのか。この問いに対して、本章で着目したのが蚕を育てる技術と、その実践に展開する人びととの身体感覚である。

　技術とは、それが実践される現場においては、人間の身体を巻き込み展開し、その身体の感覚形成に大きく影響を与えるものである。「感覚の人類学（anthropology of the senses）」を牽引してきたデイヴィッド・ハウズによれば、感覚とは、文化ごとに異なって価値づけられ、理解される。ハウズは、感覚を、心と身体、概念とモノ、自己と環境を媒介するものとしてとらえているが、異なる時代や環境に生きるのであれば、人間の感覚も当然ながら異なって形成される。異なる感覚の方法（ways of sensing）、または感覚の技術（techniques of the senses）の身体化として、文化は理解されるとハウズは述べるのだ（Howes 2003）。

　本章では、養蚕の技術書、養蚕にまつわる民俗資料などを、この「感覚の人類学」の視座を通して横断的に検証し、手労働として展開し続けてきた養蚕技術の実践過程において、身体感覚がいかに意味づけられてきたのかをとらえる。そこから、人間と蚕との関係について、さらには、蚕を外界から守り豊蚕を祈る対象であった蚕神がなぜ一般的に女性化されて考えられてきたのかについて考察した。感覚の意味づけのされ方に着目することで、単なる労働技術としてだけではない、養蚕技術が内在させていた蚕神信仰との繋がりなど、技術のより多面的な価値を浮かびあがらせるためである。

第二章　国境を越える着物
和装ファッション文化の発見

高木陽子

第一節　はじめに――着物は民族衣装か？

現代の日本には、洋服と着物（本章では「和服」を「着物」として統一表記する）の二種類の衣服がある。洋服は、ヨーロッパ起源の衣服で、多くの人びとの日常着であり、個性を表現するためのツールであり、ファッション概念の中心をなしている。一方、着物は近代以前から日本に在来したことから、民族衣装の概念でとらえられている。その結果、「ファッションとしての洋服」と「民族衣装としての着物」といった対立の図式で認識されがちだ。

起源以外に、洋服と着物を区別するのは、形の変化の有無であろう。着物は、いくつかの長方形の布を縫い合わせた簡素なT字型の平面的構造をもち、身体にまとって前を合わせ、帯を結んで着る。衣服の形に男女差はなく、おおよそ三〇〇年以上変わらなかった。形の簡素さゆえ、その創造性は、素材、加飾技術、意匠デザインにある。

他方で洋服は、身体に沿うように、パーツを組み合わせて立体的に仕立てた衣服である。女性らしさを強調するためにウエストを絞り胸と腰を膨らませたり、男性らしさをアピールするために肩を怒らせたりする。その形は、あるときはミニスカート誕生のように大胆に、あるときはジャケットの襟幅のような細微な違いとして、変化し続けてきた。洋服のデザインの要点は、いかに布を体に沿わせるかを創造するところにある。形の変化こそが流行を決める鍵となり、洋服の生産から消費までの構造（ファッションシステム）を支え、ファッションの変わりゆくものとしての性格を形成している。

着物にも、形以外のすべて、つまり素材、加飾技法、模様、スタイリングに流行がある。それにもかかわらず、形の変化がなかったことから、着物は伝統的で固定的な民族服で、ファッションの範疇にはいらないという概念が生じるのである。

本章の目的は「洋服＝ファッション」vs「着物＝民族衣装」の二項対立的概念を疑うことにある。この概念を支えるのは、①着物は日本人の衣服であり、②世界には欧米を中心とする唯一のファッションシステムしかない、という前提である。地球上には二種類の衣服、つまりヨーロッパ起源の服（ファッション）と、その他の地域の各民族特有の民族服があると考えるオリエンタリズムの思考様式に当てはまる。たしかに衣服は、一九世紀のヨーロッパ列強が植民地の人びとを支配するために、人種の差異を明確化する重要な役割を果たした。しかし、日本は、非西洋にありながら植民地にならず、植民地獲得に乗り出したことから、この理論では明解に説明できない。また、私たちは二一世紀の事象を検討しているのである。

二一世紀の着物は、デジタル技術の発展とともに地球上のさまざまな場所で収集され着用されるようになっている。そこで本章では、国境を越える着物と和装（着物を着る行為）に注目して、ファッションとして受容される着物の様相を分析することで、ヨーロッパ中心的なファッション概念に異論を呈したい。

第二節　ポストモダン日本の着物をめぐる状況

まず、日本国内において「ファッションとしての洋服」と「民族服としての着物」の図式が成立した経緯を簡単に振り返ってみよう。日本人の主たる日常着は第二次世界大戦までは着物であったが、戦後、毎日着る服が洋服に変わることで[1]、人びとの着物を着る実践的知識は次第に失われていった。日常着の洋装化に対して、呉服業界は、着物を特別な機会に着るための高価な服として宣伝し、着物の格付けとTPOのルール化を進めた。一九七〇-八〇年代には、着物は儀式服となり、美容院が特別な機会に着物を着付ける役割を担った。着付けの技は、もはや家庭内で継承されることなく、着付け学校で習う技術となった。着物と和装のコード化は着物離れの原因となり、呉服業界は一九九〇年代に深刻な不況に陥ることになった。こうして日本人の多くが着物を自分で着ることができず、着物で個性を発揮することができなくなったのである。

しかし二一世紀になると、自己表現のために着物を着る人びとが現れはじめ、古着や廉価な着物を販売する店も登場して、着物に対する人びとの見方に変化がみられるようになった（足立 二〇一五、小山・久保 二〇〇六）。一九九九年の「きものde銀座」グループ設立に続き、着物を着て集まり、着物や和装に関する情報を交換する人びとのグループがつぎつぎに各地に誕生した。これまでの、物質（着物）情報は呉服店が、和装技術の情報は着付け学校が占有していた状況と比べると、着物の民主化がはじまったと解釈することができる。これらのグループの一つに、都市空間を和装の人びとでハイジャックする「キモノでジャック」がある。海外の「キモノでジャック」は、二〇一〇年英国で最初に誕生し、短期間にヨーロッパと北米の諸都市に広がった（Cliffe 2017）。

[1] 日常服としての洋服の導入により、家族の衣服を家庭内で縫製してきた着物作りが、洋裁に置き換わった。簡素な構造の着物に比べ、複雑な立体構造の洋服を製作するには洋裁学校で学習する必要があった。

第三節　研究の問いと枠組み

それでは海外の和装愛好家は、着物をどのように認識しているのだろうか。本章では、着物は日本人のものという思い込みから離れ、国境を越える着物と和装知識の受容を観察することで、ファッションと民族服の二項対立を超える理解に到達したい。

着物をファッションとして論じた初期の研究者Ｔ・Ｓ・ミルハウト（Milhaupt 2005; 2014）は、一九世紀から現代までの着物が国境を越える際に意味が変容している点、そして、アートかファッションかの異なる解釈のあいだを変動している点を指摘した。しかし彼女の視点は、もっぱら物質としての着物の歴史に注がれており、和装を検討せず、着物の再解釈に関与するエージェンシーに注意を払わない。これに対して本章では、欧米のいくつかの都市における着物受容の事例から、ＩＴの普及により地球規模に広がった着物と和装の実践とファッションの関係を探求し、着物と和装が地理的境界を越える様相、国外で着物を着る人びとがいかに着物を使い、新たな意味をつくりだしているかを明確にする。都市間の受容のあり方の違い、デジタルメディアの役割、日本ではみられない和装の意味、着物とコミュニティの関係などについての論点をあぶりだす。

なお、本章が依拠する理論的枠組みの一つは、ファッションのグローバル化研究である。この領域では、旧植民地インドとラテンアメリカをフィールドとする研究者たちがヨーロッパ中心モデルを構築し、西洋文化の地球上への均質的広がりや、多国籍企業の「グローバリゼーション」活動について多くを語っている。ファッションは西洋起源であり（Belfanti 2008）、その歴史は、ただ一つのファッションシステムの歴史として書かれており、着物は伝統的な日本民族の衣装なのである（Slade 2009）、と。さらに日本人自身が、セルフオリエンタリズムに陥りがちであることを付け加える必要があるだろう。

右記の理解に対して疑問を投げかけるのは、端緒についたばかりの脱植民地主義からみたグローバルファッション研究である。近年の成果に、一九世紀半ば以降のヨーロッパの近代性のみに根ざしたファッションの定義を批判し、二次資料に大きく依存してはいるが、ファッション文化と新技術に関する芸術と美学の概念的枠組みを検討する研究（Geczy & Karamarinas 2019）や、西洋のモダニティとアイデンティティにもとづくファッションの一般的なモデルから脱却するために、オリジナルな一次研究と国際的な研究者間の議論を通して複数のファッションシステムを提案する研究（Cheang et al. 2021）がある。

もう一つの研究の枠組みは、ジャポニスムである。日本は西洋からみればオリエント（東洋）にありながら植民地化されず、植民地獲得に進出することで西洋列強の仲間に入ろうとした両義的な立ち位置にあることから、他のアジア諸国と異なる日本志向の視点（Gordon 1993）が求められる。そこで、西洋中心主義を疑う本章では、「日本的なもの」がいかに海外で受容され、どのようなものがつくりだされ、さらにそれが現地のどのような考えにもとづいていたかを分析するジャポニスム研究の枠組みを併用する。一九世紀半ばに日本が開国した際に、日本の美術・工芸品や美意識は、ハイ・アートから室内装飾やファッションに至るまで、ヨーロッパのスタイルと趣味にインパクトを与えた。日本から舶載された事物は、西洋の視点を通して理解され、現地の文脈で流用されていった。西洋中心的なオリエンタリズムのパラダイムのなかで、初期には事物がもつ日本における文脈にはほとんど注意が払われることはなかった。着物は、エロティック絵画の小道具に使われたり、ガウンとして着用されたり、富裕階層の豪奢な室内着に仕立直されたりした。日本の美術工芸品や道具の舶載の仲介人となったのは、来日した外国人や、日本人や外国人の商人たちであった。万国博覧会を除けば、ジャポニスムに関するものと情報の多くは、日本政府の支援を受けることなく海路で移動した。やがて、一九世紀末になり、交わされる情報が増えるにつれ、初期の日本の事物への収集熱は、日本の文化と芸術の学術的探求へと変容して日本学へと発展することになる。これら日本からの海外へのインパクトを「ジャポニスム」と定義する（ジャポニスム学会二〇〇〇）。

ジャポニスムの時代から一世紀以上が過ぎ、人の動きとデジタル技術を使ったコミュニケーション、さらにはグローバルな物流のスピードは劇的に変化した。しかし、着物と和装の知識が私的ネットワークによって開拓・伝達され、日本政府がその広がりを遅れてクールジャパンに利用する関係は、一九世紀末と類似している。

一九世紀末、日本の芸術文化や美意識は、西洋よりも高い水準にあると西洋人自身が評価していた（Chesneau 1878; Gonse 1898）。西洋／非西洋の二項対立的世界観が支配するなか、ジャポニスムとは「劣った」価値を体現するはずの非西洋の日本において、西洋人が高度な美と技術の存在をそこに発見することで、早い段階でその二項対立の普遍性に疑問を呈した現象であった。本章ではこれを踏まえたうえで、二一世紀の日本から海外への知識とものの移動を「ジャポニスム」のレンズを通してみることで、ファッションのグローバル化と脱植民地主義の今日的議論に貢献したい。

本章では、また、マテリアルカルチャーのアプローチも採用し、人間の行動について、かれらがつくるものから多くを学び、自分自身を取り囲むものを解釈し、個人的なスタイルに適したものを選択しうるという事実を確認する。また、エージェンシーの概念（Giddens 1984）は、着物がこの過程で果たす役割を明確化し、いかに着物が、日本の文脈を離れて再解釈され受容されているかを追跡するレンズを提供してくれる。本章では以上の枠組みをもって、国境を越えて収集・着装される着物が、日本国外の異なる場所で再解釈される過程を観察する。

第四節　事例——国境を越える着物と和装文化の発見

フィールドワークの目的地として取り上げるのは、ヨーロッパのパリとアムステルダム、北米のニューヨークとフィラデルフィアである。これらの都市の着物グループによる活動の観察、着物を扱う店舗や着物文化の伝播に関わった人びとの証言の収集を二〇一八年三月におこなった。[2] 以下では、芸術学・美術史の研究者が、異なる人間の本質と諸文化の特性への興味をもって分析するにあたり、一般的にエビデンスを追究する社会科学のインタビューやアンケートと異なり、より少数のケースとそれらをつなぐ論理と解釈により、総体として意味のある全体像を描き出す。質問紙によるアンケート調査では、各都市の「キモノでジャック」グループおよび和装実践者に対して、着物の入手方法と着用に関する一般的情報および簡単な個人史を収集して、個人の趣味と、地域、ジェンダー、世代、階級、社会的身分を特定した。また、「キモノでジャック」グループの設立や運営に直接的・間接的に関与した重要人物、そして和装によってこれらの場所で、何らかの形で日本文化のプロモーションに貢献している人びとなど、「キープレイヤー」とされる人物へのインタビューを実施した。このインタビュー対象者には、パーティーや特別なイベントで着物を着る現地在住の日本人、着物に関する展覧会の開催者、着物を販売する人びとも含まれていた。インタビューでは、各都市の和装受容の過去、現在、未来について尋ねた。また、着物を販売する店舗を訪問し、着物を通して日本がどのように表現されているかを観察し、スタッフから話を聞いた。持ち帰ったデータをもとに、着物と和装が国境を越えるとき、これら特定の都市で着物を着る人びとがいかに着物を使い新たな意味をつくりだしているかを分析した。

第五節　社会史的文脈による受容の違い

「もの」がある文化圏から別の文化圏へと移動するとき、文脈にあった再解釈や新たな意味づけがおこなわれる。

［2］この調査は、文化学園大学「和装のグローバル研究拠点形成のための基礎的研究」（高木陽子、吉村紅花、Sheila Cliffe, Saskia Thoelen）の一部であり、アムステルダム（高木、Cliffe）、パリ（高木、Cliffe、吉村）、ニューヨークとフィラデルフィア（Thoelen）が担当した。本章は、持ち帰った資料を、高木とトゥーレンが、ジャポニスムと脱植民地理論の枠組みで構成した論文（Takagi & Thoelen 2021）をもとに、高木が調査したヨーロッパ二都市を対象に再構成したものである。合衆国の分析は、本書中のトゥーレンの章に譲る。

本調査では、まず、着物はファッションか伝統かを外国人と在外日本人に聞いた。大多数の外国人はファッションだと答え、大多数の在外日本人は伝統だと答えた。外国人のなかには、状況により伝統でもあり、ファッションでもあるとの回答もあった。

外国人に和装の目的を尋ねると、ファッショナブルな服、コスプレのための服といった今日的な解釈とともに、一九世紀と同様に日本文化を理解するためのツールとしても解釈していた。これらの回答は、都市によって異なっていた。各地域の文化的背景と日本との関係の歴史が、日本イメージの生成のプロセスや、着物と和装が使用される方法に強い影響を与えることが明らかになった。ここでは、アムステルダム（オランダ）とパリ（フランス）を比較した例を示す。

オランダと日本のあいだには、一六〇九年のオランダ国王特使派遣以来、長い交流の歴史がある。オランダは、日本の鎖国中（一六三九―一八五四）も、西洋諸国のなかで唯一通商関係を保っていた。日本の事物に対するオランダ人の興味は、こんにちでも着物をつうじて確認することができる。首都アムステルダムでは、専門的に着物を扱う骨董店Van hier tot Tokioや、セカンドハンドの衣服の隣で着物を売る店Episodeがあり、それらの店で着物を購入することができる。また、この都市には、きわめて活動的な和装グループ「キモノでジャックＮＬ」が存在する。この開かれたフェイスブックコミュニティには、七〇〇人以上のフォロワーがいる。二歳から六〇歳までの多様なエスニックグループに属する会員が毎月一回のミーティングに集まる。

これに対してフランスは、一八六〇年代にジャポニスムの熱狂が最初にみられた国である。ジークフリート・ビングが仏・英・独語で出版した月刊誌*Le Japon Artistique*（一八八八―一八九一）は、日本の文化芸術の情報をパリから欧州と北米に発信した。この時期、着物は舞台衣装と室内着として受容された。のちに、ポール・ポワレとマドレーヌ・ヴィオネは、平面的な構成、着物風の袖や打ち合わせ、独特な色や模様などの着物の要素を、新規性のある衣服の要素として応用した。

一九世紀後半のパリは、日本人芸術家の主たる留学先であった。西洋近代美術の概念は、パリを経由して日本へと伝わり、現在に至る日本の美術の概念や制度（学校、画壇）を成立させた。二〇世紀になると、パリは世界のファッションの中心とみなされるようになった。二〇世紀後半以降、日本人ファッションデザイナーにとってのパリは、ショーを開催して国際的な名声を得ることができる場となった。こんにちのパリは、日本国外で最大のポピュラーカルチャーのイベントJapan Expoの開催都市でもある。四日間で二四万人以上（二〇一八年）が来場するこのイベントでは、伝統文化、コスプレ、漫画、ビデオゲーム、J-POP、和食などが展示・販売される。着物は、伝統文化として、コスプレ衣装として、そしてファッションとして、多義的に紹介されている。

しかしながらフランスの路上で、現地の人びとによる着物姿を見かけることはない。また、この国には「キモノでジャック」グループが存在しないのである。フランス人インフォーマントの一人は、フランスには他の民族グループ起源の衣服をフランス人が日常着として路上で着ることを憚らせる暗黙のルールがある、と語る。そのためにフランス北部在住の彼女は、わざわざ四時間をかけてアムステルダムまで移動し、そこで「キモノでジャックＮＬ」に自由に参加していたのである。彼女は、大正期の着物にブーツを合わせて大正時代風に着物を着ていた。そしてこのスタイリングを、一種のコスプレだと認識していたのである。

フランスにはイスラム文化圏出身の移民を大量に受け入れてきた歴史があり、衣服に政治的宗教的記号としてのより大きな役割を担わせているのかもしれない。ここでは、観察による推測を提示するにとどめるが、この問題にはさらなる個別研究が必要であろう。

第六節　デジタルメディアの役割

現在の国際的な着物ブームを牽引したのは、オンラインプラットフォームであった。まず、調査地四都市の「キモノでジャック」グループによる活動は、教育的メディアとしてのインターネットに大きく依存していた。というのも古参のメンバーを除けば、ほぼ全員がYouTubeで着付けを学んでいたのである。そして調査した何人かは、自ら着物の買い方、畳み方、着付け、帯結びの方法を教えるビデオをYouTubeへと投稿していた。また、着物の縫製方法を教える動画もある。これらのチュートリアルビデオのいくつかは、着物を着るときに遭遇する問題を解決する方法、たとえば、丈が短すぎてお端折りをつくれない場合の対処方法に焦点を当てていた。YouTubeは、和装実践者が着付けスクールで習うはずの「閉じられた知識」をオープンソースとした。また、YouTubeは自身がエージェントとして着物にアクセスする手段をもたなかった人びとに、着物への関心と知識の世界的な広がりに積極的な役割を果たしていることを示した。着物に関する「閉じられた知識」を開くことで、着付け学校が管理していたルール化された着方をかれらは破ることができたのであった。

　また、インターネットは着物購入のための強力なツールにもなりうる。ICHIROYA[3]やRakutenなどのオンライン店舗は、大量かつ多様な商品に、日本語と英語での詳細な商品情報（製作年代、生地の種類、サイズ、中古の場合商品の状態）を写真付きで明示し、海外へと配送する。

　さらにいうと、インターネットは欠かせないコミュニケーションツールにもなりうる。アムステルダムとニューヨークではFacebook上でのミーティングが企画され、その写真をメンバーが共有していた。インスタグラムは、世界中の和装愛好家が既存の和装ルールのなかでどのように遊んでいるかを示すプラットフォームとなっている。秀逸なスタイリングは、つぎなる和装スタイルのヒントとなっているのだ。

　現在の海外の着物ブームは、YouTubeなどのオンラインプラットフォームにより可能となった。着物文化についてのオープンソースにより、和装愛好家は、着物に新しい方法で親しむことができ、かれら自身が着物に関する知識を文化的エージェントとして積極的に広めることができた。

第七節　海外の和装解釈のゲーム化

オンラインの視覚的リソースにより、和装には次第に「自由化」、すなわち、着付けルールからの解放がみられるようになった。「キモノでジャック」のメンバーは、着付けルールを熟知しているにもかかわらず、創造的着付けを表現するようになった。あるメンバーは、色のコーディネートを重視するために、季節ごとに着るべき素材のルール（絽の着物は七、八月のみに着る）を破っていた。別のメンバーは、振袖にオランダ的なピンク色のギンガムチェックの帯揚げを合わせて、日本とオランダの要素を折衷主義的に組み合わせていた。また、女性が男性の着方（お端折りをしない）をする場合もあった。ある女性メンバーは、丈が短い着物を、お端折りをつくらずに着るチャンスだとポジティブにとらえていた。彼女は、この着方をバレリーナ型シューズと合わせることで、全体的には女性的なスタイリングにまとめていた。

ルールをどのくらい崩せるかには、ジェンダールールの逸脱からルール内の周縁的ニュアンスまで、さまざまなレベルがみられた。個人史に焦点を当てたインタビューでは、その日に着ている着物のスタイリングについて話してもらいながら、着付けのルールについて意見を聞いた。かれらは、ルールをよく知っており、このゲームを意識的におこなっていた。かれらは、ただルールに従うだけでなく、混乱させるためにそこにいた。「キモノでジャック」の参加者は、日本にいないことで、より自由にルールを破ることができる点を認識していた。

［3］新型コロナウイルス感染症の影響で、二〇〇一年から一九年間続いた着物のウェブショップICHIROYAは、二〇二〇年に閉店した。

第八節　コミュニティ形成のツール

インタビューと観察から、着物を着ることは、人びとをつなぐ役目を果たしていることが明らかになった。とくに海外の外国人和装者の場合、着物との出会いは、コスプレ、アニメ、映画、コンベンションなどポピュラーカルチャーや、茶会や古典舞踊や禅を通してであり、個人的な発見であった。つぎの段階として、人びとは着物を介して集まっていた。個人の体験がグループの体験を導いていたのである。

グループが形成されると、オンラインの表現や口コミで別のグループとコンタクトが発生し、合同セッションの企画や、二つのグループの合併が生じることもある。「キモノでジャック」のグループ間では、合同ミーティングを企画しているし、二〇一一年にはグローバルミーティングが日本で開催されてもいる。

これらのネットワークには、人びとやグループをつなぐキープレイヤーが存在するが、最終的に人びとをつなぐのは着物と和装であり、これらが中心的な物質・実践として作用していた。「キモノでジャックＮＬ」の参加者の年齢は一〇代から七〇代まで幅広く、学生、デザイナー、教師、データアナリシスコンサルタント、不動産業、ＩＴセキュリティー、製薬関連、失業者など、多様な背景をもつ人びとの集まりである。これらの人びとを結びつける共通点をみつけるのは難しいだろう。しかし、着物が年齢、階級、貧富の差を超え、社会的関係、学び、情報と経験の共有を可能とする中心的エージェントとして作用していた。メンバーは着物を着て、公園や展覧会を訪問し、日本を旅行した経験や着物の入手方法や失敗・成功体験を議論するのである。メンバーは着物をめぐって活動し、着物の周りでコミュニティは形成され拡大する。「キモノでジャックＮＬ」の元リーダーであるリンダ・ケンティ（Linda Kentie）は、「着物はそれ自体言語ですし、ウイルスのようなものです。人びとはそれに夢中になるのです」と語っている。

第九節　おわりに

本章では、ファッションはただ一つの西洋のシステムであり、着物はファッションでなく民族衣装だとする思い込みに疑問を投げかけ、国境を越える着物と和装の受容を観察した。日本国外の異なる場所で和装が再解釈され新たな意味をもつ過程を調査した結果、着物の再解釈と和装コミュニティの形成において、着物と和装愛好家の両方の積極的な役割が明らかになった。国境を越えた着物の再解釈の過程で、さまざまな種類のエージェントの力があった。これらの要素を理解することで、着物愛好家が自分たちの文化的背景のなかで着物をエージェントとして積極的に再解釈していたことが確認できた。この再解釈の過程で、コスプレとしての着物、コレクションアイテムとしての着物、または遊び心をもって独自の方法で着るファッショナブルな服など新しい意味を着物に与えていた。ただし、エージェンシーを有効または無効にするシステムと構造が各都市にはみられた。着物と和装の行為は、この過程で、人びとを地域社会に結びつける中心的な役割を果たしていた。これが、海外の着物ブームに大きな役割を果たしており、海外の和装コミュニティの発展と継続にとって重要であった。

調査をつうじて、海外の外国人の和装愛好家は、着物を日本の伝統とみなす日本人よりも、遊び心があり、より緩いルール内で着物を認識していたことが明らかになった。かれらの存在は、着物を伝統とみなす自己オリエンタリズムの永続性を克服し、和装をファッション文化とする新しい視点を与えてくれる。二一世紀の着物と和装の越境の様相には、明治時代の「西洋化された」日本人、衣食住の趣味におけるヨーロッパ風規範のヘゲモニーといった、日本と西洋世界との非対称な出会いから生じた力関係を超えた、ものと人との新たな関係が醸成されており、そこでは、ファッションと民族衣装の二分法は無効であった。

◉引用・参考文献

足立敏樹（二〇一五）「縫製／アパレル――着物の復活は本物か」『繊維トレンド』一一三、五八-七二

小山典子・久保雅義（二〇〇六）「きものブームとライフスタイルへの影響」『日本デザイン学会研究発表大会概要集』五三、一四一

ジャポニスム学会［編］（二〇〇〇）『ジャポニスム入門』思文閣出版

Belfanti, C. M. (2008). Was fashion a European invention? *Journal of Global History*, *3*(3), 419–443.

Cheang, S., de Greef, E., & Takagi, Y. (eds.) (2021). *Rethinking Fashion Globalization*. London: Bloomsbury.

Chesneau, E. (1878). Exposition universelle. Le Japon à Paris. *Gazette des Beaux-Arts*, September 1, November 1.

Cliffe, S. (2017). *The Social Life of Kimono: Japanese Fashion Past and Present*. London: Bloomsbury.

Geczy, A., & Karaminas, V. (eds.) (2019). *The End of Fashion: Clothing and Dress in the Age of Globalization*. London: Bloomsbury.

Giddens, A. (1984). *The Constitution of Society: Outline of the Theory of Structuration*. Cambridge/Malden: Polity Press.

Gonse, L. (1898). L'art japonais et son influence sur le goût européen. *Revue des arts décoratifs*, April, 97–116.

Gordon, A. (ed.) (1993). *Postwar Japan as History*. Oakland, CA: University of California Press.

Milhaupt, T. S. (2005). Second hand silk kimono migrating across borders. In: A. Palmer, & H. Clark (eds.), *Old Clothes, New Looks: Second-Hand Fashion*. Oxford: Berg. pp.67–82.

Milhaupt, T. S. (2014). *Kimono: A Modern History*. London: Reaktion Books.

Slade, T. (2009). *Japanese Fashion: A Cultural History*. Oxford: Berg.

Takagi, Y., & Thoelen, S. (2021). Kimono migrating across borders: A preliminary study into the discovery of waso culture outside of Japan. In: S. Cheang, E. de Greef, & Y. Takagi (eds.), *Rethinking Fashion Globalization*. London: Bloomsbury, pp.19–36.

第二章　解　題

こんにち、デジタル技術の発展とともに、着物は地球上のさまざまな場所で収集され着用されるようになっている。本章では、着物は民族衣装かという研究の問いをたて、「洋服＝ファッション」vs「着物＝民族衣装」の二項対立的概念を疑うことを目的に議論を展開した。ヨーロッパのパリとアムステルダム、北米のニューヨークとフィラデルフィアの着物グループの活動の観察、着物を扱う店舗や着物文化の伝播に関わった人びとの証言を収集したフィールドワーク（二〇一八年三月）を事例として提示した。パリとアムステルダムにみられる国境を越えた着物と和装（着物を着る行為）に注目して、ファッションとして受容される着物の様相を分析することで、欧米を中心とする一つのファッションシステムだけが存在する前提にたち、着物は日本人の民族衣装だと考える、西洋中心的なファッション概念に異論を呈した。

筆者は、ファッションとデザインの地理的・文化的越境について研究してきた。ベルギーのジャポニスムについての博士論文（*Japonisme in Fin de Siècle Art in Belgium, 1999, Brussels Free University*）を出版（Antwerp: Pandora, 2002）し、「日本的なもの」がいかに海外で受容され、どのようなものが作り出され、それは現地のどのような考えにもとづいていたかについて、産業と芸術の性格をあわせもつファッションとテキスタイルを対象に研究し、論文や展覧会として国際的に発表してきた。ジャポニスムは、一九世紀末、西洋／非西洋の二項対立的世界観が支配するなか、劣った価値を体現するはずの非西洋に位置する日本に高度な美と技術が存在することを発見することで、西洋人が早期にこの二項対立の普遍性に疑問を呈した現象として、本章の問いをたてる原点となっている。

従来の服飾史的方法では、ファッションの大局的な展望をとらえるには限界があるため、ファッション・スタディーズでは、芸術学、美術史、デザイン史、文化人類学、民族学、博物館学・メディア論などの専門家が参画する分野横断的な国際共同研究が有効な方法である。そこで筆者は科研費（26370177, 17K02382, 21K00237）の助成を受け、ファッションが多様な芸術ジャンルと相互依存すると同時に、国境を越えるときに新たな文化的表現が生まれる「越境」的な問題に注目し、ファッション研究者を東京に招き、英語による「Transboundary Fashion Seminar（越境するファッションセミナー）」〈https://transboundaryfashion.wordpress.com（最終確認日：二〇二一年九月三〇日）〉を主宰し、ケーススタディを蓄積してきた。本章は、The Transboundary Fashion Seminar 5.2: (Re)thinking Fashion Globalization（二〇一九年）における口頭発表をもとにした論文を加筆修正日本語訳したものである。現代の事象を、一九世紀後半を主として分析してきたジャポニスムの枠組みと架橋し、近代の遺産であるヨーロッパ中心主義を乗り越えるための事例として構成した。

第三章　アメリカ東海岸における和装文化の越境

ファッション研究におけるナラティブ分析の可能性

サスキア・トゥーレン（Saskia Thoelen）

第一節　はじめに[1]

本章では「和装」という行為、および、着物という「もの」との関わりから派生するアイデンティティ、あるいはコミュニティの発展に焦点を当てる。二〇〇〇年代以降、着物をファッション・アイテムや普段着として着るようになった着物愛好家の数が国内外で増加し、いわゆる「きものブーム」が発生した（足立 二〇一五、小山・久保 二〇〇六、染織新報社 二〇一九）。きものブームの現象にともない、「きものde銀座」や「キモノでジャック（Kimono de Jack）」[2]などの和装グループがつぎつぎと現れ、より多くの消費者層にアピールする着物ブランドが増加し、和装の人気をさらに拡大させた。

[1] 本章は、文化学園大学和装共同研究資金によって支援された和装文化共同研究「和装のグローバル研究拠点形成のための基礎的研究」プロジェクトで筆者が収集したデータにもとづいた独立した分析である。和装研究プロジェクトの背景と紹介は、第二章を参照。和装研究プロジェクトの研究の一部分をまとめた論文として、Takagi & Thoelen（2021）も参照。

この、現代における着物の再評価という現象は、近年では学術研究の分野において議論の俎上に載せられるようになったが、しかしその一方で、とくに和装グループに注目した研究は現状では比較的まだ限られている。シーラ・クリフはその研究のなかで、着物の再評価という現象に関連して、着物ブランドやデザイナーを紹介しながら和装グループを取り上げている（Cliffe 2010; 2013; 2017）が、しかしこれらのグループのコミュニティ形成に注目した分析まではおこなっていない。他方、ステファニー・アスマンはその研究の一部分として「きものde銀座」の活動を分析し、そのコミュニティにも簡単に言及している（Assmann 2008）。しかし、しかしそれは研究の主要な視点にはなっていない。本章では、これらの先行研究の限界を見据えたうえで、従来的には深く分析されなかったこれらの和装グループ（とくに海外におけるグループ）のコミュニティ発展、および、これらのコミュニティを支えている和装の実践に焦点を当てる。

本章では具体的に、人の「もの」との関わりから生まれてきたコミュニティの発展と実践を分析する。しかし、筆者が属している分野――美術・芸術・デザイン史――の既存のアプローチでは、その分析を実行することは難しい。というのも美術・芸術・デザイン史の分野では、主に「もの」の生産プロセスと歴史、および、作り手の立場からみた「もの」との関わりに焦点を当てるからである。とりわけ、本章が注目する「着物の越境」というテーマに関しては、とくに着物を「もの」として把捉する美術史的／歴史的研究（たとえば、Milhaupt 2005; 2014; 足立二〇一五）が多い。しかし、これらの美術・芸術・デザイン史の研究手法では、「もの」と生産プロセスの裏にある社会背景、または、消費者の「もの」との関わりから生まれた行為とコミュニティの発展を分析しきれない。この問題を乗り越えるために、筆者は博士論文（Thoelen 二〇二〇）において、美術・芸術・デザイン史の分野にディスコース分析（言説分析）の方法を導入し、「もの」からはじまった具体的な研究を、「もの」の背景にあるより抽象的な研究とつなげるためのケーススタディをいくつか実践した。これらのケーススタディは、一九-二〇世紀における作り手側として三越を取り上げ、その着物デザインと振興に焦点を当てた。これに対して本章では、現代における消費者のケーススタディの対象として検討する。具体的には、アメリカ合衆国東海岸、とくにニューヨークとフィラデルフィアの二都市における和装グループとその活動を取り上げることにする。

なお、本章での研究課題はつぎのとおりである。ニューヨークとフィラデルフィアの和装コミュニティは、どのようなナラティブ（語り）によって構築されているのか。そして、これら二都市における和装愛好家は、和装活動を通してどのような和装愛好家としてのアイデンティティをつくりあげ、また、これらのアイデンティティ・ナラティブはどのように和装のコミュニティの維持、発展および強化に貢献しているのかという点である。

これらの問いに依拠して考察を展開するために、ニューヨークとフィラデルフィアの二都市において二〇一八年三月に調査をおこなった。そしてその調査をつうじて、和装活動に関して収集されたインタビューにもとづいてナラティブ分析を実施した。なお、これらのインタビューの対象として選定したのは、二都市それぞれにおける和装活動の中心人物として認識されている者、直接的または間接的にキモノでジャックのグループの創立や運営に関わる者、和装をつうじて日本文化を振興しようとしている者、着付け師、着物展示会の運営者、着物レンタルや販売店の運営者、または、積極的に和装のイベントに参加する者である。

これらの二都市を取り上げた理由はつぎのとおりである。一方のフィラデルフィアは、一八七六年開催の万国博覧会を通して日本文化と着物がいちはやく紹介されたアメリカ合衆国の都市であり（Lynch & Strauss 2014: 180）、他方

［2］「きものde銀座」は一九九九年に創立され、毎月一回銀座で集まる着物愛好家の交流のためのグループである。ある場所を着物で乗っ取る（ハイジャックする）コンセプトから発展した。「Kimono de Jack（KdJ）」は「きものde銀座」の和装グループにならい、海外（主にヨーロッパとアメリカ）に滞在する着物愛好家（日本人と外国人）に和装ができる「場」を共有するグループである。現在、複数の国の参加者を含む「Kimono de Jack international」、または、一つの国や地域の参加者による「Kimono de Jack NL」、「Kimono de Jack US」、「Kimono de Jack Bavaria」、「Kimono de Jack New York」、など複数のグループが存在し、定期的にイベントをおこなっている。

のニューヨークは、アメリカ東海岸における最も活発な和装コミュニティを有する都市であるからである。インタビューに応じたのは一〇人で、形式には半構造化インタビューを採用した。そうすることで、対象者はナラティブを通して自由に、自らの和装活動を語ることができた。真正性を維持するために、各インタビューは被調査者の使用言語（英語または日本語）で書き起こし、それを分析することにした（Gioia et al. 2012: 20）。

本章は、宇田川元一にならい、ナラティブを「物語を生成する言語行為」（宇田川・間嶋二〇一五：七）として定義する。ナラティブ分析では、研究者は人の語りを解釈する（Riessman 1993）。語りの形式、内容などを分析することによって、なぜこのように語られているのかという疑問に答えようとする。ディスコース分析の一種であるナラティブ分析の方法は、他のテキスト分析の方法と比べて、データ収集と分析の、より客観性を保証する実験的で厳密性が高い定性的な研究方法である。とくに本論に取り上げる一次解析と二次解析の段階的分析方法をとりいれる分析研究は、客観的な定性的研究法として認識されている（Gioia et al. 2012: 18）。この方式は、インフォーマント（本研究の場合では、インタビューの対象者）による言葉使いを含む一次解析、および、研究者が解釈する背景コンセプトとテーマを含む二次解析から成り立つ（Gioia et al. 2012; Riessman 1993）。データが段階的に分析されるため、データ収集のためのより体系的なアプローチとなる。

本章のデータ分析は、つぎのようにおこなった。収集したすべての証言データをナラティブ分析によって分析した。この方法を通して、まず、筆者が資料に馴染むために書き起こしたインタビューを数回ほど読み返した。筆者が収集したインタビューから浮かびあがってくるコミュニティやアイデンティティに関わるすべての発言を特定し、抜粋した。これらの抜き書きをまた数回読み重ねた。つぎに、インタビュー対象者の発言に含まれる複数のナラティブを確認し、各ナラティブを反映する発言を飽和状態に至るまで（つまり、新情報がもう現れない時点まで）分割した。つぎの二次解析の段階では、インタビューから確認された各ナラティブの背景にあるテーマを見出し、ナラティブごとに展開していく複数のストーリーを明確化した。最後の段階では、すべてのナラティブを実践コミュニティの理論的枠

表 3-1　インタビュー対象者の基本データ

名前	年齢	性別	都市	職業	和装活動
Kumiko*	60 以上	女	Philadelphia	引退 日本語教師, 歌手	着付け師
Michiko*	50–60	女	Philadelphia	専業主婦	Japan America Society Philadelphia で手伝い，着付けボランティア，Kimono de Jack 参加者
Rebecca*	30–40	女	Philadelphia	消防士	Japan America Society Philadelphia で手伝い，Kimono de Jack 参加者
Stephen	60 以上	男	New York	引退	Kimono visionaries 展示会運営者，着物デザイナーのパトロン
Raymond	30–40	男	New York	着物レンタル 運営者	Kaede kimono の運営者
Marina	30–40	女	New York	HR	Kimono de Jack NY 運営者
Sasha*	30–40	女	New York	弁護士 ボランティア	Kimono de Jack 参加者
Annie*	50–60	女	New York	会計	Kimono de Jack 参加者
Han*	30–40	女	New York	グラフィック・ デザイン	Kimono de Jack 参加者
Yumi*	30–40	女	New York	専業主婦	Kimono de Jack 参加者

* がついている名前は仮名である。

組みに落とし込み、さらに分析した。

ナラティブ分析のための理論的枠組みとしては、「実践コミュニティ」（Wenger 1998）の理論を取り上げた。ウェンガーによれば、実践コミュニティは「ある知識の領域あるいは共有リソース」、「コミュニティの意識あるいは相互の参加（相互関与）」、「実践あるいは共同の活動」という三つの要素から成り立っている。つまり、実践コミュニティとは、同じ活動を通してあるアイデンティティを共有しつつ、それをもとにコミュニティの維持に貢献するグループのことである（Wenger 1998: 27–29; Massa 2016: 961）。そして実践コミュニティにおいては、「実践」が普段であれば相互に関係のない人びとをつなげる中心的な役割を果たしているという（Simmel 1950: 41; Wenger 1998）。つまり「実践」とは、コミュニティの存続に不可欠な要素であるといえる。

本章では以下の議論において、実践コミュニティをめぐる三つの要素がニューヨークとフィラデルフィアの和装コミュニティ・ナラティブに反映されていると指摘することになる。そして、アスマンが簡単に言及しているコミュニティへの所属願望（Assmann 2008: 365）も、これらのナラティブの成立と発展において重要な役割を果たしていると明らかにする。

第二節　和装コミュニティのナラティブ

ニューヨークとフィラデルフィアにおける和装活動について、それを実践コミュニティの理論的枠組み（Wenger 1998: 27–29）から分析すると、実践コミュニティの知識の領域は着物、その実践は和装、そのコミュニティは二都市における和装活動をサポートする人物――キモノでジャックＮＹおよびJapan America Society of Greater Philadelphia（ＪＡＳ）のグループメンバーと運営者、Kaede や Japan House などの着物販売・レンタル店の運営者、そして、和装活動を振興する人とその周りの人びとといったさまざまなグループや個人――から成り立っていることが明らかになった。

これらの二都市においては、コミュニティに対する意識が非常に高かった。そして、和装グループのリーダーおよびメンバーは、このコミュニティに関するナラティブを積極的に発信していた。そのナラティブの一つとしては、和装グループ間の横つながりによって生まれたコミュニティ意識がニューヨークでは強く語られていた。つまりニューヨークのすべての和装グループは、グループ間の協同とコラボレーションに依拠した和装コミュニティの発展をもっとも重視していたのである。なかでも和装活動をサポートする営利団体であるKaede がこのナラティブを何度も繰り返していた。

If we get to the point that we have more like-minded people and we all join together and make a pool, then what we have is that in a place outside of Japan we have a very wide collection of kimonos that are open for people to wear and rent. 〔…〕 One of the things that we've kind of come to in New York is that a lot of the kimono, especially the stylists no longer consider themselves to be competitors.

〔日本語訳〕同感する人が集まれば、そして皆で着物の「プール」をつくれば、日本の外に、借りて着ることができる巨大な公開された着物コレクションができるでしょう。〔…〕ニューヨークにおいて発展してきた現象の一つは、多くの着物関係者、とくにスタイリストは、お互いを競争相手として見なくなったことです。

これらの横のつながりにもとづいた協同のおかげで、すべてのグループがつながっているという意識が生まれている。ともあれ以上のようなナラティブによって、和装グループが単独に活躍するとしても、それらの活動は全体的な和装コミュニティの一部としておこなわれるという強い認識があることを確認することができた。

　他方のフィラデルフィアでは、グループの横のつながりはさほど重視されなかったものの、グループごとのコミュニティ意識、および、それぞれのグループをつうじた和装コミュニティの発展に対する強い関心を垣間見ることができた。ニューヨークと比べれば、フィラデルフィアにおける和装グループの数は半分にも満たない。キモノでジャックフィラデルフィアは創立されていないし、また、着付け教室を除いた日本語教室やＪＡＳなど和装活動をサポートし振興するグループは存在しているが、しかしそれらのグループのおもな目的は和装ではない。そのためにフィラデルフィアでは、グループ間の横のつながりを形成するのが難しいといえる。しかしその一方で、インタビュー対象となったこれらのグループ・メンバーは、フィラデルフィアにおける和装コミュニティの横のつながりにもとづいた発展を強く望んでいた。

日米協会、松風荘〔日本庭園〕、日本人会、和太鼓、なかなか横で一緒にというのはもちろんないんですよね。たとえば、ニューヨークだったら桜、もうすぐ桜祭りがあります、みんなとガーっていうのはないんです。まあ、ここはここ、そういうつながりってもうちょっとあれば、いいんじゃないかなとは思うんですけれども。

（フィラデルフィア和装愛好家、ミチコ（仮名））

二都市において積極的に繰り返されたもう一つのナラティブは、コミュニティの拡大に対する関心である。地域における和装活動を維持するために、できるだけ多くの人にグループへと参加してもらいたいというナラティブは、それぞれのグループ・リーダーの話になんども現れ、そのナラティブに対するリーダーの責任感も強く認められる。二都市における和装コミュニティにとって、コミュニティの拡大はもっとも重要な課題として認識されているのだ。

コミュニティの拡大を実現するための方法として、グループ・リーダーはイベント計画なり、地域でおこなわれるイベントの情報提供なり、参加者が交流できるプラットフォームの提供なり、和装の「場」を設けるように積極的に活動している。これらの「場」はおもにイベントや、和装愛好家と和装グループが集まれる機会を含め、和装の実践に不可欠なものである。「場」をつうじて和装の機会を供給するだけでなく、そこに知人を誘ったり、新たな和装愛好家に参加の機会を提供したりすることができる。

やっぱり好きな人が好きなことを好きな着物を着て、で、好きなところに行って、そういった着物が好きな人とグループと一緒にこう、着物談義をすることも楽しいし、お互い勉強になりますよね。

（フィラデルフィア和装愛好家、ミチコ（仮名））

このような「場」のもう一つの魅力は、和装愛好家が和装しやすい条件を整えることである。たとえば、和装イベントであれ、一般イベントであれ、数人が集団で和装して参加する前提があれば、イベントに参加しやすくなる。

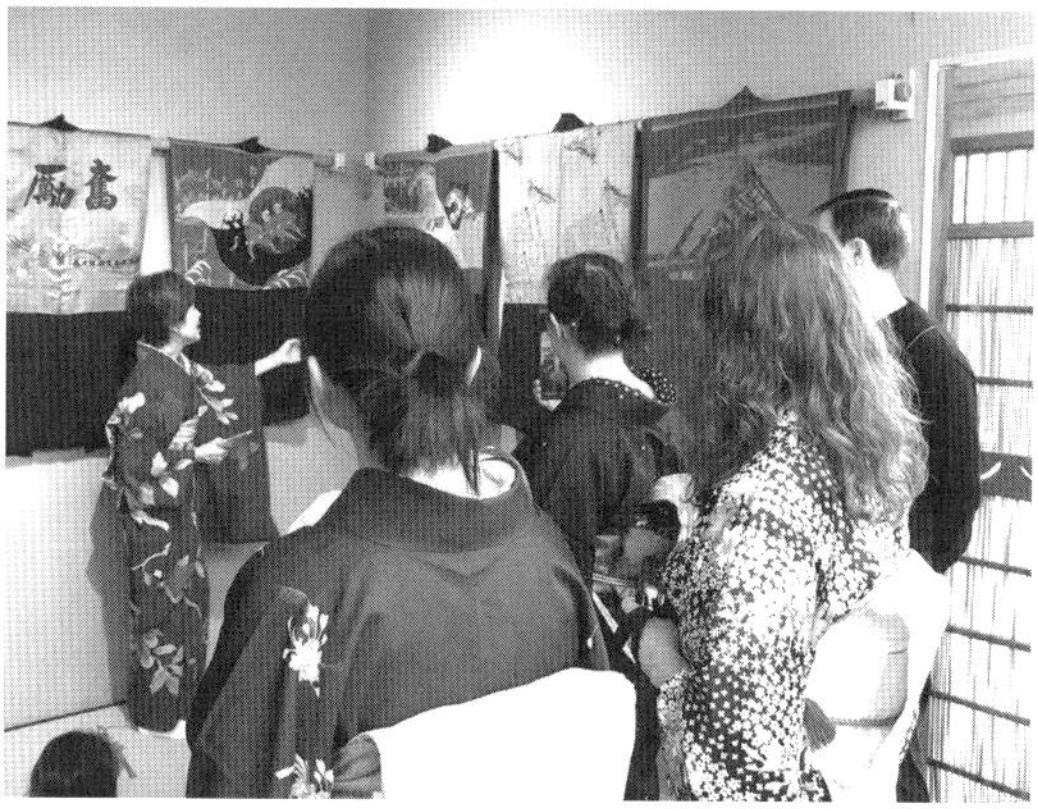

図 3-1　和装で展示会（筆者撮影）

ニューヨークで着物展示会を計画するスティーヴン・グローバス（Stephen Globus）は、とくにこのナラティヴを強調していた。

> I would like Japanese people living in New York or people like us who love kimono to at least have a place and a venue that they can wear it. […] Women are nervous going to a party and being the only one in kimono. And, if I say kimono encouraged then they'll wear kimono, they'll know there'll be others. […] So, I think there's some power in numbers […] I'm trying to push a little bit. And give them a venue.
>
> 〔日本語訳〕ニューヨークに住んでいる日本人、または、私たちのように着物が好きな人に着物を着る「場」を与えたいのです。〔…〕女性はパーティーに行くときに、自分だけが着物になることが不安でしょう。そこで、私が「着物姿歓迎」といえば、ほかにも着ていく人がいるとわかって「ほっとする」のです。〔…〕数には力があると思います。〔…〕私は、ちょっとだけ後押しをしようとしているのです。そして、「場」を提供しているのです。

さらに「場」を通して、和装愛好家は和装の興味と経験を互いにシェアすることができる。キモノでジャックＮＹのリーダー、マリナ（Marina

Gurland）はとくにこの点に注目していた。

It's about giving the space and place for people to gather and they can participate in kimono whether they want or not, and it's also a way for us to have a chance to talk to each other. […] If you're by yourself, I could get tea, but I want to talk about kimono, and who am I gonna talk with? […] It's always more fun if you have other people doing it［和装］too.

［日本語訳］望んでも望まなくても着物姿で集まることができる場を提供することが大事です。それは、私たちが話し合える機会にもなります。［…］一人だったら、お茶を飲みにいくことはできるけど、着物の話をしたくても、誰と話すの？［…］他の人も一緒に［和装］しているとやはりより楽しいです。

経験をシェアすることは、コミュニティの発展と親睦の強化をめざす二都市の和装愛好家にとって非常に重要である。これを実践コミュニティの理論的枠組みから分析すると、コミュニティの実践、つまり実践の体験をシェアすることによって、参加者はそれぞれコミュニティに対する共有のアイデンティティをつくりだす（Wenger et al. 2002: 141）。これらの共有アイデンティティはコミュニティの維持と存続に不可欠なものであり、普段であれば互いに関係のない人びとに対して、つながる意味を与える役割を果たす。

インタビューの対象者の多くは、「場」を通して経験をシェアすることの大切さに言及していたが、そのナラティブのなかには、二都市における和装愛好家が和装グループによって提供された「場」以外にも、自らが和装するための小さな「場」を積極的に生みだしていることが示唆されているものもあった。

ちょっとどこかミュージアムに行きましょう、みたいな。そんなときにやればいいの。そういうお遊びするお相

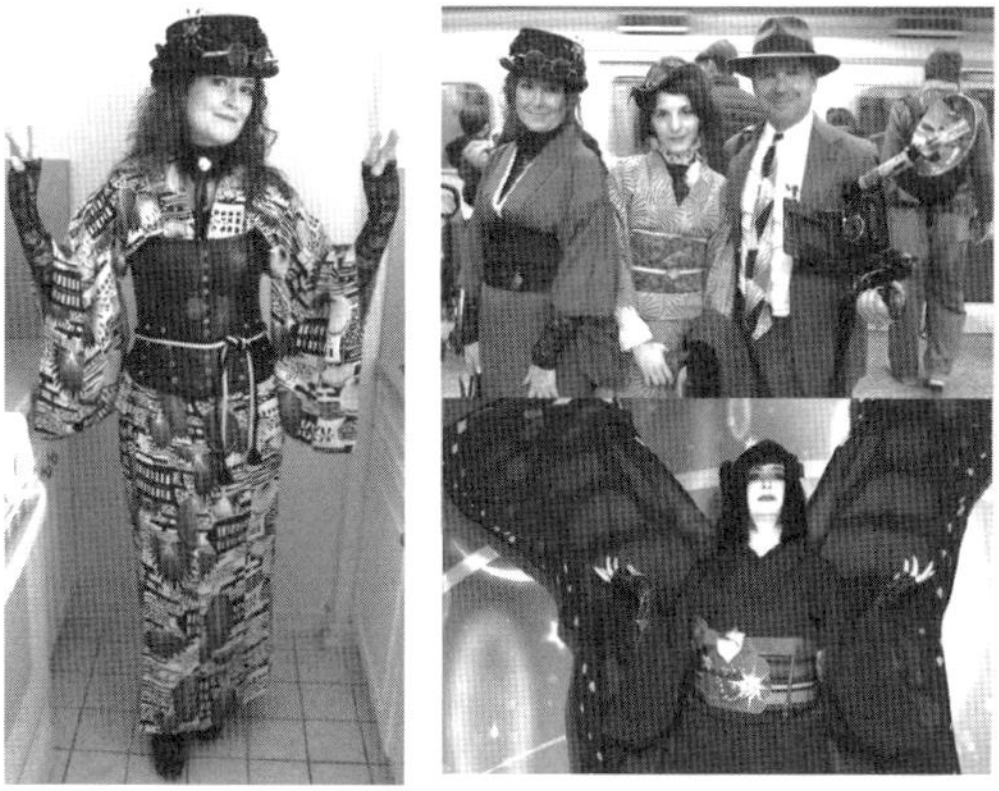

図3-2　和装でコスプレ（筆者撮影）

手さんを作る、着物で行きましょうよ、私一人じゃ恥ずかしいからとかって。

（フィラデルフィア着付け師、クミコ（仮名））

I have a very good friend, ［…］ she'll come to visit me, and we'll go to tea in kimono, or we'll go to museum exhibits, ［…］ and we'll walk around and decide to do things.

［日本語訳］親しい友達がいて［…］彼女は私のところに来てくれて、着物姿でお茶を飲みにいったり、展覧会を見にいったり［…］歩き回りながらやることを決めたりするのです。

（キモノでジャックNYのリーダー、マリナ）

とくに和装活動を中心としたグループがまだ数少ないフィラデルフィアにおいては、これらの行動とナラティブは和装コミュニティの存続のために重視されていた。

つぎに二都市の和装コミュニティにおける和装愛好家としてのアイデンティティ・ナラティブに目を向けてみたい。ウェンガーによると、メンバーはコミュニティにおける交流をつうじて、実践コミュニティに対するそれぞれのアイデンティティをつくりあげる（Wenger et al. 2002: 35）。二都市のナラティブにおいて、とくにグループ・リーダーは和装コミュニティに関わるアイデンティティを意識しつつ、そのための「場」を積極的につくりだすことに対して強い誇りを抱いていた。

I'm head of Kimono de Jack New York. I've been head of Kimono de Jack for the last year. Even before becoming the leader of Kimono de Jack I would plan a lot of things. […] My goal is definitely to put it out there and get people to know about it.

［日本語訳］私はキモノでジャックＮＹのリーダーなの。この一年間キモノでジャックのリーダーの役割を果たしてきました。キモノでジャックのリーダーになるまえにもいろんなことを計画していたの。［…］目標は［計画］を積極的に広報して人びとに知ってもらうことなの。

（キモノでジャック ＮＹのリーダー、マリナ）

I'm trying to do a few things. I've recently been involved with Kimono de Jack. So, they have their own community. I'm trying to booster the reputation of each and every kimono maker by having a New York imprint. So, on a personal level. That's what they kind of benefit from hopefully, and then from the New York level I'm trying to make people aware that there is more to fashion than the simple black dress. […] I'm the only one demanding that people actively wear kimono. Who's gonna put that, don't wear black? A Japanese person won't say that. I'm a New Yorker, I'm in your face. So, I think I have my own mission.

［日本語訳］いくつかのことをやろうとしています。最近キモノでジャックに関わるようになりました。かれらは自分のコミュニティをもっています。そして、私は［日本の］すべての着物メーカーにニューヨークにおける実績を与えることでかれらの評判を上げようとしているのです。個人レベルではかれらにそれを享受してもらっ

ています、そして、ニューヨークのレベルでは、人びとにリトル・ブラック・ドレス以外にもファッションがあることを知ってもらいたいのです。〔…〕私はただ人びとに積極的に着物を着て欲しいと願うだけです。「ブラックを着るな」と招待状に載せる人はいないでしょう？　日本人はそう言わない。私はニューヨーク人なのでフランクです。自分には自分のミッションがあると思っています。

（スティーヴン・グローバス）

リーダーが和装コミュニティの維持とその発展を支える自らの中心的な立場を自覚していることは、以上の引用をみれば明らかである。とくにニューヨークにおいて、リーダーは「cultural ambassador（文化大使）」とよばれており、和装に関する知識と実践とそれにともなう文化の普及のために重要な役割を果たしていた。

We just came up with the whole concept of being more of a cultural ambassador, so to say. We figured that there were a lot of people who didn't understand the Japanese culture. 〔…〕 So, you have that experience of trying to educate people what it〔和装〕is, and what they〔和服を着る人びと〕do. So our goal is education, and to just provide easy access to wearing kimono for participants outside of Japan.

〔日本語訳〕いわゆる文化的アンバサダーになるというコンセプトを思いつきました。多くの人は日本文化を理解していないと思っていたから。〔…〕だから、人に「和装」が何か、「和服を着る人びと」が何をやっているかを教えようとしている。我々の目標は教育で、国外にいる和装愛好家に着物を着るのに簡単なアクセスを提供することです。

（カエデ）

グループ・リーダーは中心的な立場にいながら、四つの方法を通して実践コミュニティをサポートしている。それらの方法とは「和装実践の手伝いと励まし」、「情報提供」、「「場」の提供」、および「教育」の四つである。実践コミュニティの理論的枠組みから分析すると、これらは共有リソースの一部分として解釈することができる（Wegner 1998: 82）。ウェンガーによると、共有リソースには方法、言語、ストーリー、ジェスチャー、行為、情報、コンセプトなどが含まれる（Wegner 1998: 82-85）。これらのリソースは実践コミュニティの相互関与の経緯を反映しており、コミュニティの一貫性を保つため、実践コミュニティの存続のためのもう一つの重要な要素である。そして、これらのサポート活動をつうじて、グループ・リーダーは和装グループの参加者数を増加させることをめざしている。

> 私は私なりに［着物を着る］人を増やしたいと思っているから、行くときは一緒に行こうとかね。帯は私がするから。［…］やっぱり、ミュージアムに行きましょうよとか、昼ご飯でも食べに行きましょうよとか、音楽会に行くから、一緒に行くときは着物着ていかない？って言って声をかける。
>
> （フィラデルフィア着付け師、クミコ（仮名））

その一方で、グループ・メンバーは和装コミュニティに関するつぎのアイデンティティ・ナラティブを発信していた。筆者による研究でインタビューの対象者となったすべてのグループ・メンバーは、和装だけでなく、禅や武道、茶道や和太鼓など、複数の面で日本文化との深いつながりを感じており、それをコミュニティに対するアイデンティティとして表現していた。そして、これらの日本文化に対する深いつながりの意識は、日本文化のもう一つの要素である和装とそのコミュニティとのつながりを強化している。

これらの深いつながりをもとに、二都市における和装愛好家は和装グループのメンバーとなり、そのコミュニティを介して和装の経験の共有を強く求めるようになる。ナラティブでは、この意思が明確に語られていた。とくにキモノでジャックがまだ存在しないフィラデルフィアでは、コミュニティの所属への願望が強かった。これらの願望は近い将来、新たなグループの創立または既存のグループの拡大につながる可能性が高い。

> I wish I had places to wear and I wish I had friends to wear it with, but you know how it is, right? 〔…〕 I'd really love for there to be a Kimono de Jack in Philadelphia or outside of Philadelphia. I keep thinking oh maybe I'll start one, but I just haven't done it yet. So maybe I'll give it a try.
>
> 〔日本語訳〕着物を着る場と一緒に着てくれる友達がいればいいなと思っているけど、仕方がないね。〔…〕ぜひフィラデルフィアかフィラデルフィア周辺にキモノでジャックがあって欲しい。自分ではじめようかなと思ったりするけど、まだやっていない。やってみようかな。
>
> （フィラデルフィア和装愛好家、レベッカ（仮名））

> フィラデルフィアはキモノでジャックそういった着物グループというのがまだ出来上がっていないんですよね。だから私はニューヨークに行っちゃうんですよ。ニューヨークの方がもっとオープンというのがあって。で、いろんな着方の人もいるしいろんな素材とか。そこがいいなと思う。〔…〕好きなことを〔して〕、好きな着物を着て、で、好きなところに行って。そういった着物が好きな人とグループと一緒にこう、着物談義をすることも楽しいし、お互い勉強になりますよね。
>
> （フィラデルフィア和装愛好家、ミチコ（仮名））

最後に、グループ・メンバーによるナラティブをつうじて反復されたもう一つのテーマは、メンバーが和装コミュニティにおいて体験するサポートと励ましである。メンバーは、コミュニティからのサポートと励ましが和装活動の存続に大きく貢献すると感じている。

I learned how to wear kimono from a teacher in LA. I was very into Japanese culture, and one day I just went to a Japanese supermarket, and [...] there was this advertisement of that kimono class. It was during the summertime and the teacher was teaching how to wear yukata, so I went to that class, because I was thinking that yukata looks really cute. And then I went to the class and it was a very nice Japanese community, so I just kept going to the class and learned from yukata then kimono and different types of obi.

[日本語訳] ロサンゼルスの着付師から着物の着方を教わりました。日本文化がとても好きで、ある日、日本のスーパーに行ったら着付け授業の広告をみつけました。夏のあいだに開催され、先生は浴衣の着方を教えるので、浴衣が可愛いと思っていたから授業に参加することにしました。そして、授業に行ったら、とてもいい日本のコミュニティだったので、授業に通い続けて、浴衣から着物へ、そして、帯の複数の結び方まで学んだのです。

（キモノでジャックNY参加者、ハン（仮名））

この励ましとサポートは、ウェンガーが定義する実践コミュニティの「相互関与」の一部として解釈することができる。メンバー同士の関わりと交流によって、実践を通して生まれてきた関係が強化されるようになり、こうして関係は実践コミュニティを維持するようになる（Wenger 1998: 73–74）。メンバーにとってはコミュニティの実践を続けるための非常に重要な要因である。

第三節　考察と結論

本章ではフィラデルフィアとニューヨークの二都市における和装活動とその実践という、「もの」との関わりから生まれてきた和装コミュニティの発展のナラティブ、および、グループ・リーダーとメンバーによる和装の実践に対する意味形成のナラティブを明確にした。さらに、二都市における和装コミュニティの存続と発展の要因を明確化することができた。

二都市における和装コミュニティにとって、「場」をとおした和装実践活動がコミュニティの拡大と発展においてもっとも重視されている点が明らかとなった。実践を共有・体験できる「場」なしでは、地域における和装コミュニティは発展も存続さえ危ぶまれる。リーダーもメンバーも、それぞれのナラティブにおいて「場」の必要性を繰り返し強調していた。そして、これらのナラティブを繰り返しながら積極的に「場」を提供するようにし、実践の存続を確保しようとしている。

その一方、グループ間の協同に積極的に力を入れたコミュニティのイメージも、ナラティブをつうじて幾度も取り上げられていた。これらの横のつながりは、グループ・リーダーにとってもっとも重要な目的である実践コミュニティの拡大に深く関与し、他方では、グループ・メンバーがもっとも重要性を感じていた実践の経験の共有とも関連している。これらの協同のナラティブを繰り返すことによって、リーダーとメンバーはコミュニティの存続に不可欠な「相互関与」を強化している。

さらに、共有リソースを提供する中心的な役割としてのグループ・リーダーのアイデンティティと、相互関与を積極的に追求し共有するグループ・メンバーのアイデンティティに言及しながら、リーダーもメンバーもこれらのアイデンティティを維持しようと試み、また、そうすることで実践コミュニティの維持と発展に貢献している。

筆者による研究をつうじて明らかになったのは、ニューヨークとフィラデルフィアの二都市における和装グループのコミュニティにおいては、それに対する所属の意識と願望が非常に高いことである。本章で取り上げた和装コミュニティ・ナラティブがこの所属に対する意識と願望から生じているため、この意識と願望がナラティブとともに、二都市における和装コミュニティの発展に大きく貢献したことは忘れてはいけない。

　ともあれ本章では、ウェンガーによる実践コミュニティの理論的枠組みに依拠してナラティブ分析を実践することで、実践コミュニティを構築する諸要素――共有リソース、相互関与、共同の活動――がすべて、二都市の和装コミュニティにおけるナラティブへと反映され、これらの要素がナラティブをさらに強化したことが明らかとなった。和装コミュニティがこれらの要素をより積極的に、「コミュニティのナラティブ」と「和装愛好家としてのアイデンティティのナラティブ」に導入し続ければ、和装コミュニティのさらなる発展と拡大を導くナラティブを発信できるようになると思われる。

◉引用・参考文献

足立敏樹（二〇一五）「縫製／アパレル――着物の復活は本物か」『繊維トレンド』一一三、五八-七二

宇田川元一・間嶋　崇（二〇一五）「生成する組織の倫理――ナラティヴが切り拓く新たな視点」『経営哲学』一二（二）、二-一五

小山典子・久保雅義（二〇〇六）「きものブームとライフスタイルへの影響」『日本デザイン学会研究発表大会概要集』五三、一四一

染織新報社（二〇一九）「KIMONO EVENT きものファンをはじめ学生ら約1万人が来場「きものサローネ in 日本橋 2019」開催」『そめとおり』七六六、六-九

Thoelen, S.（二〇二〇）「アール・ヌーヴォー期におけるグローバル化とアート戦略――着物を通して見る三越の百貨店化プロセス」博士論文、文化学園大学

Assmann, S. (2008). Between tradition and innovation: The reinvention of the kimono in Japanese consumer culture. *Fashion Theory, 12*(3), 359-376.

Cliffe, S. (2010). Revisioning the kimono. *Critical Studies in Fashion & Beauty, 1*(2), 217-231.

Cliffe, S. (2013). The role of the internet in the revival of Japanese kimono. *Ritsumeikan Journal of Asia Pacific Studies, 32*, 90–100.

Cliffe, S. (2017). *The Social Life of Kimono: Japanese Fashion Past and Present*. London: Bloomsbury.

Firsching-Tovar, O. M. (2017). *Reduce, Reuse, Recycle: The Kimono Revival in Japan as a Strategy of Self-Orientalization*. Master's thesis, Dortmund University.

Gioia, D. A., Corley, K. G., & Hamilton, A. L. (2012). Seeking qualitative rigor in inductive research: Notes on the Gioia methodology. *Organizational Research Methods, 16*(1), 15–31.

Lynch, A., & Strauss, M. D. (2014). *Ethnic Dress in the United States: A Cultural Encyclopedia*. Lanham: Rowman & Littlefield.

Massa, F. G. (2016). Guardians of the internet: Building and sustaining the anonymous online community. *Organization Studies, 38*(7), 959–988.

Milhaupt, T. S. (2005). Second hand silk kimono migrating across borders. In: A. Palmer, & H. Clark (eds.), *Old Clothes, New Looks: Second-Hand Fashion*. Oxford: Berg. pp.67–82.

Milhaupt, T. S. (2014). *Kimono: A Modern History*. London: Reaktion Books.

Riessman, C. K. (1993). *Narrative Analysis*. Newbury Park, CA: Sage.

Simmel, G./Wolff, K. H. (trans.) (1950). *The Sociology of Georg Simmel*. Glencoe, IL: The Free Press.

Takagi, Y., & Thoelen, S. (2021). Kimono migrating borders: Wasō culture outside of Japan. In: S. Cheang, E. de Greef, & Y. Takagi (eds.), *Rethinking Fashion Globalization*. London: Bloomsbury, pp.19–36.

Wenger, E. (1998). *Communities of Practice: Learning, Meaning, and Identity*. Cambridge: Cambridge University Press.

Wenger, E., McDermott, R. A., & Snyder, W. M. (2002). *Cultivating Communities of Practice: A Guide to Managing Knowledge*. Cambridge, MA: Harvard Business School Press.

第三章 解題

本章では「和装」という行為、および、着物という「もの」との関わりから生まれてきたアイデンティティまたは和装グループ（とくに海外におけるグループ）のコミュニティ発展、および、これらのコミュニティを支えている和装の実践に焦点を当てた。そこで、海外の和装コミュニティはどのようなナラティブ（語り）によって構築されているのか。そのコミュニティの和装愛好家は、和装活動を通してどのような和装愛好家としてのアイデンティティを作り上げ、また、これらのアイデンティティ・ナラティブはどのように和装のコミュニティの維持、発展および強化に貢献するのかという問いについて考察するために、二〇一八年三月におこなった、ニューヨークとフィラデルフィアの二都市における和装活動に関する調査で収集したインタビューにもとづいたナラティブ分析を実践した。

海外における和装活動が増加しつつある中で、二〇一五年以降、ヨーロッパと比べてアメリカ合衆国東海岸（とくにニューヨークとフィラデルフィア）において非常に活発なグループ作りと和装活動をみることができる。これらの活動に関して、いまだ十分な研究がおこなわれていないため、筆者はケーススタディのために、アメリカ合衆国東海岸における和装グループとこれらのグループの和装活動を研究対象とした。

本章では方法論の検討をもとにした研究を通して、越境するファッション・スタディーズへの貢献をめざし、ナラティブ分析を取り上げることで、人文科学の分野が抱えている厳密性への批判という問題改善への一歩に挑戦している。とくに筆者が所属している美術・デザイン・ファッション史の分野では、これらの分野特有の分析方法である視覚分析および内容分析の方法が、具体的な物事の分析に限られており、厳密性の高いより多角的で多様な視点にもとづく研究に必要な資料を十分に収集できないという課題がある。したがって、「もの」と生産プロセスの裏にある社会背景、消費者の「もの」との関わりから生まれた行為とコミュニティの発展を分析しきれない。

そこで本章では、具体的な物事の発信、振興、および消費の分析と、その背景となる抽象的な文脈を明確化できる分析をつなげることが可能な厳密性の高い方法論を採用する。この方法論とは、ディスコース・スタディーズの方法論の一種であるナラティブ分析である。美術史の研究と同様に、ナラティブ分析を使った研究も具体的な「もの」からはじまるが、その具体的な「もの」の裏にあるより抽象的な背景を同時に明確化できる。二〇一八年三月にアメリカ合衆国で直接収集したインタビュー調査のデータの事前分析からコミュニティ作りが中心的なテーマであることがわかり、実践コミュニティ理論のアプローチによる分析をめざすことにし、ナラティブ分析はそれを実施するためにもっとも適切な方法であると判断した。

したがって、本章は、ナラティブ分析を美術史の視点からはじまる研究に導入した、越境するファッションの研究方法の試みといえるだろう。

第四章　漢服イメージを介した映像的コミュニケーション

漢服の歴史と、その役割の変化に注目して[1]

馬冬・松本健太郎[2]

第一節　フォトスポット化する古都・西安

中華人民共和国の陝西省に所在する西安は、かつての古都・長安として、もともと兵馬俑などさまざまな観光資源に恵まれていたが、最近ではその歴史的なイメージに依拠しつつ、たとえば春節の際には「西安年・最中国」（「西安の旧正月こそ、最も中国らしい」の意）というスローガンを掲げ、大々的な観光客誘致に乗り出している。ある記事[3]によると、二〇一九年の春節に際し西安を訪れた観光客はのべ一、六五二万三、九〇〇人で、昨年同期比三〇・一六％増、観光収入は一四四億七、八〇〇万元で、昨年同期比四〇・三五％増となったという。そしてその人びとによる関心の

[1] 本章の執筆にあたっては、西安工程大学の劉心迪先生に翻訳などの面で多大なご尽力を頂戴した。この場をお借りして感謝を申し上げたい。

[2] 本章の執筆に際して、主に第二節、第三節、第五節を馬が担当し、第一節、第四節、第六節を松本が担当した。

[3] 「国外ネットユーザーが「西安年」を絶賛 世界に「中国旋風」を巻き起こす」〈https://senseishow.jp/seian/zessan-seiannen（最終確認日：二〇二一年九月二〇日）〉

増大に寄与しているのは、市内各所の歴史的建造物や、それを背景にした漢服姿のツーリストの撮影行為、さらには、それを映像的に共有するためのソーシャルメディアなどである。

煌びやかにライトアップされた大雁塔エリアでは、漢服を貸し出す店が軒を連ね、コスプレ姿の観光客が各所でセルフィを撮影している。その近くでは、抖音（ドウイン）をつうじて有名になった漢服姿のパフォーマーが観光客の注目を集め、またその映像がソーシャルメディアで共有されて、さらなる観光客の増加へとつながっている。他方、西安城壁では数多くのカップルたちが式を控え、漢服姿で結婚写真のフレームに収まっている。演出的なその歴史的空間において、漢服は人びとの注目を集め、自己をコンテンツ化して他者に提示するための重要な小道具になりつつある。そしてそれは都市の風景をも大きく変えつつあるのだ。

写真がデジタル化されるようになった今、フォトショップ等によるその画像の加工・編集はいっそう容易になったともいえるし、また、各種のソーシャルメディアの回路を経由して交換されるようになった今、その画像を介した新たなコミュニケーションやコミュニティが台頭しつつあるともいえる。もはや写真とは時間的な深度を感知させるメディア、あるいは、ハロルド・イニスの言い方を借りれば、（時間を超えて情報を運ぶ）「時間バイアスをもつメディア」という側面よりも、むしろ（空間を超えて情報を運ぶ）「空間バイアスをもつメディア」としての側面が前景化されつつある、といえるかもしれない。そしてそのようなデジタル写真などの映像コンテンツによって、漢服のイメージはソーシャルメディアをつうじて拡散され、中国において改めて注目される状況が生まれつつある。本章では観光都市として名高い西安における「政策」「メディア」「観光」の三者関係に着眼しながら、その歴史的なエリアを舞台として産出される漢服イメージを分析の俎上に載せることになる。

第二節　漢服とその歴史

歴史的にみて、中国における服飾はきわめて重要な役割を担ってきた。身体を覆い隠したり暖めたりする、あるいは美しく飾るといった意味のほかに、それは文化的あるいは政治的な意味を備えている。

いわゆる「漢服」とは漢民族の伝統衣装を指し示す語であり、「漢服冠」「漢服」「華服」ともよばれる。中国国内における認識からすると、漢服は略装ではなく、五〇〇〇年にわたる文明の蓄積をもつ中国の精神的価値を象徴するものととらえられる。漢服は中国の礼儀文化にもとづいて、歴史のなかで発達を遂げてきた。それは漢民族に独特の姿形を備えたものであり、他の民族が伝統的にもつ衣装や装飾の体系とは区別されている。優れた工芸と美学によって成り立つ漢服は、中国国内における三〇あまりの無形文化遺産および伝統的な工芸美術を受け継いでいるのだ。

「漢服」は特定の時代の服装を指すものではなく、黄帝から清朝末期の時代までを含んだうえで、「華夏・漢」文明に固有の伝統衣装体系を指すものといえる。五〇〇〇年以上前の新石器時代には、すでに麻布で織られた服飾がつくられた。そして黄帝の時代には冠がつくられた。その後さらに服飾体系も次第に形成され、発展していった。商朝の段階で冠制度が確立され、秦漢統一後は漢服も徐々に統一されていった。漢服は清朝末期までに、すでに四〇〇〇年近くの歴史を重ねてきたことになるが、しかし清朝制度と近代アヘン戦争の影響により満州族支配、国境開放、西洋文化の流入などが生じたことで、漢服は次第に、中国の人びとによる主流の服飾体系からは退出していくことになる。

二〇〇二年初頭、「失われた文明——漢民族服飾」とのタイトルの記事[4]がインターネットで拡散され、人びとによる注目を集めた。その年の七月、ネットユーザーが「大漢民族フォーラム」を創設したことにより、それが「ネット漢民族主義」の起源となり、また、その重要な根拠として認識されるようになる。その後さらに「漢知会」と「漢網」が創立されるなど、漢民族と伝統文化に関するフォーラムが相次いで設立された。この時期、数多くの若者が相次いでネット掲示板をつうじ、漢民族の歴史と服装に関する深い研究を含む記事を発表している。漢服の歴史的悲運に焦

［4］http://www.360doc.com/content/18/0509/04/10079158_752320495.shtml（最終確認日：二〇二一年九月三〇日）

点を当てたそれらの記事は、その後、長期間にわたり、中国における漢服運動に多大な影響を及ぼし、漢服復興運動の最初の理論的基礎を形成したといえるだろう。

シンガポールの「聯合早報」は二〇〇三年一一月、中国の鄭州に住む一般市民である王楽天氏が漢服を着て街に出て、それが世間の注目を集めたことを報道した。[5] これを契機として、漢服はメディアをつうじて人びとの注目を集めることになり、その後それはあらためて現代の生活に浸透することになったのである。さらに二〇〇七年、政委委員会の葉宏明氏と人民代表大会の劉明華代表により全国両会の議案として取り上げられたことで、漢服は中国における「国服」となった。そして最近では二〇一八年、中国共産主義青年団が微博で「華服日」活動を発表した。漢服をめぐる以上のような動きがあるなかで、「漢服熱」は徐々に中国人のあいだに浸透しつつある、といえるだろう。[6]

ともあれ昨今における中国国内の状況をみると、文化産業の発展は漢服消費者層の拡大を促し、それによって漢服市場の潜在力も向上している。統計[7]によると、二〇一八年に漢服の愛好者数は七二・九%増加し、二〇四・二万人に達した。この二〇四・二万人による消費額は一〇億元を突破し、それによってこの層の消費能力を証明することになった。今後も漢服マーケットは大きく拡大していく可能性があると推測されているが、その要因としてあげられるのは、関連する映画やテレビドラマのヒットである。つまり中国における漢服熱の背景にあるのは、それが登場する各種のコンテンツと、コンテンツを産出する文化産業なのである。

第三節　国家政策とメディアによって拡散される西安の漢服イメージ

国家政策により、中国における伝統文化の継承的発展が望まれる状況のなかで、まさに漢服はそれを具現化するための重要なものとしてとらえられる。とくに「中国の夢」（中国での名称は「中国梦」）およびその関連政策はその具現化を推進するものであり、それによって「文化事業全面繁栄」（中国での名称は「文化事业全面繁荣」）や「文化産業快

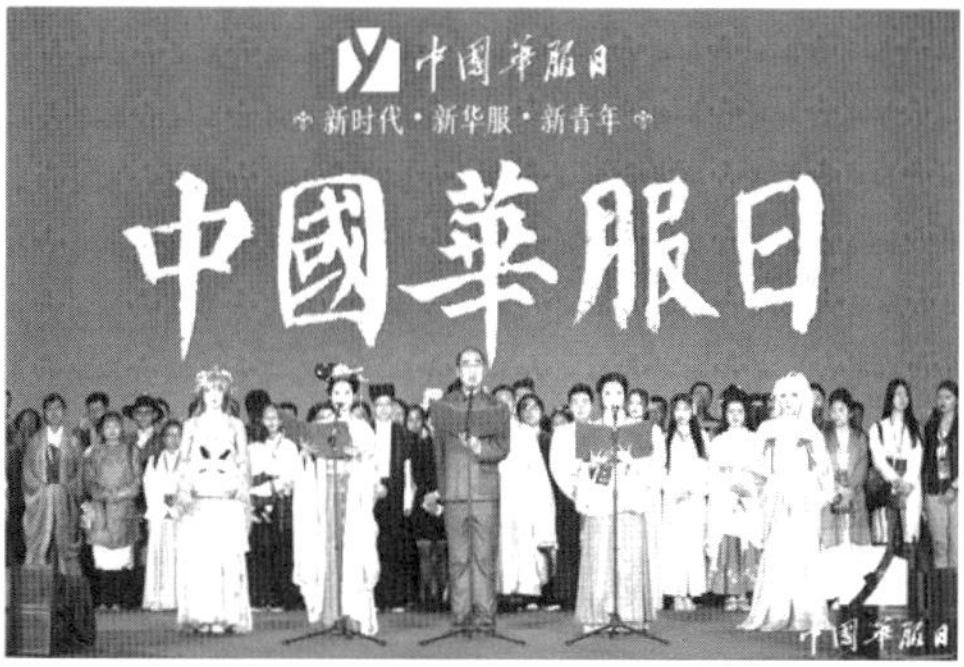

図4-1 「中国華服の日」のイベント[8]

速発展」（中国での名称は「文化产业快速发展」）などの一連の政策、さらには旧暦三月三日に開催される「中国華服日」（中国での名称は「中国华服日」）などが実施されている。これらは「一帯一路」の構想と結びつき、国際的なブランドとの協力体制を作り出し、国内外の交流を促進させている。

「中国華服の日」のイベントは二〇一八年四月一八日の夜に西安大明宮遺跡紫宸殿で盛大に開催された。そのイベントは中国青少年ニューメディア協会（中国での名称は「中国青少年新媒体协会（CYNMA）」）、bilibili弾幕網（中国での名称は「bilibili弹幕网」）、東家ＡＰＰ（中国での名称は「东家ＡＰＰ」）が共同主催し、また、数十社の華服伝承企業、数百社の華服普及機構、数十社のネット文化メディア企業が参加するかたちで、第一回中国華服ショーと第一回華服日國風音楽盛典が盛大に上演された。ちなみにその前日の四月一七日には、第一回中国華服文化シンポジウムが西安大唐芙蓉園で開催され、数百人の華服伝承普及者が「新時代新華服新青年」というテーマをめぐって、「復興と復古」などの話

[5] https://baike.baidu.com/item/王乐天/6116738?fr=aladdin（最終確認日：二〇二一年九月三〇日）
[6] ちなみに謝黎によると、「二〇〇〇年代に入ってから「漢服」と呼ばれる服がメディアに登場するようになると、街角で漢服姿の若者が多く見られるようになった。漢服がメディアで取り上げられるようになる一方で、旗袍を支持する一定の層の人々もいる。現在、中国では「国服」の議論が起きているのだが、その議論の中心に旗袍派と漢服派がいて、両者が互いに「自分こそが正当だ」と主張している。それぞれが一歩も譲らないので決着はつきそうにない」（謝 二〇二〇：一九一）とも指摘される。
[7] https://baijiahao.baidu.com/s?id=1652251569184620467&wfr=spider&for=pc（最終確認日：二〇二一年九月三〇日）
[8] http://viichii.net/news/40.html（最終確認日：二〇二〇年一二月一四日）

題について議論を展開している。また、その主催者は「中国華服日提案書」を発出して、全国の青少年たちに中華の伝統文化を学習しそれを継承するように呼びかけている。

さらに二〇一八年四月二二日、アースデイの当日、中国芸術祭基金会[9]の生態文化保護基金により新時代中国夢「第一回中国漢服芸術祭」の記者発表会が西安で開催された。この基金会の生態文化保護基金管理委員会の王城主任は記者発表会の場においてつぎのように発言している――「西安はシルクロードの起点であり、ここ数年来、西安の政務は効率的かつ順調で、また歴史文化に依拠した観光都市として急速な発展を遂げていることから、第一回の漢服芸術祭を西安で開催することには大きな意義がある」[10]。

二〇一九年四月七日、中国青少年ニューメディア協会および bilibili 弾幕ネット主催による第二回「中国華服の日」イベントが西安曲江でおこなわれた。そしてその夜、第二回中国華服の日「華服秀典」が大唐不夜城で開催され、全国各地から三〇あまりの華服のアパレル代表、二〇〇数名のモデルが来場している。ともあれ以上のようなイベントが続々と企画されるなかで、漢服をめぐる人びとの関心はさらに高まりつつあるといえるだろう。

ともあれ中国における漢服の愛好者は二〇一九年の段階で三五六・一万人に達し、二〇一七年比で七四・四%増加した。二〇一六年から二〇一九年にかけて、その数は四年連続で七〇%以上の高成長を維持している。「艾媒（iiMedia Research）」のコンサルティングのアナリストによると、漢服の愛好者は増加傾向にあり、市場として高い潜在力をもっていると指摘される[11]。「漢服熱」や「古風審美」などの潮流が盛んになるにつれて、漢服産業は拡大の一途をたどっている。この流行現象の背景には、インターネットやソーシャルメディアの影響が大きい。西安はそれらによってますます人気のある観光地になっており、その街頭で漢服を着る人も増えている。

中国における漢服市場の販売規模は二〇一九年の段階で四五・二億元に達し、二〇一八年比で三一八・五%も伸びている。近年ではｅコマースやビッグデータの活用が一般化し、さらに5G時代が到来したことで、各ネットショップも急速に発展しつつある。艾媒のコンサルティングによるデータ[12]を参照すると、ショートビデオのユーザーは二〇一九年には六・三億人に達し、二〇二〇年には七・二億人に達している。新しいメディアのプラットフォームが急速に成長したことにより、漢服文化は従来と比べて大衆の注目を集めつつある。抖音（その海外版が TikTok）における漢服関連コンテンツの再生数は一〇〇億回を超え、bilibili 動画サイトにおける中国風音楽愛好者は八、〇〇〇万人を超えている。テキスト情報が主流であった時代と比べて、抖音などの映像コンテンツは瞬時に拡散され、人びとの共感を得やすい。また、長安を題材として作成された映画作品やテレビ番組も多数制作されており、それも若者たちによる漢服人気に拍車をかけている。さらにここ数年ほど、古都・西安を訪れる観光客は、曲江大唐不夜城などにあるレンタル店で借りた漢服を身にまといながら、市内でグルメを楽しんだり歴史的建造物を見学したりしている。そして観光地としてのさらなる知名度向上と観光客誘致のために、西安市旅行発展委員会は二〇一八年四月一九日、抖音との協力のもとで、西安の文化観光資源を国内外に向けて宣伝するプロジェクトを開始している。

第四節　漢服を介した写交的コミュニケーション

本章の冒頭で言及したように、西安を代表する観光スポットの一つである大雁塔エリアでは、漢服を貸し出す店が軒を連ね、コスプレ姿の観光客が各所でセルフィを撮影している。またその付近では、抖音をつうじて人気を獲得した漢服姿のパフォーマーが観光客の注目を集め、またその映像がソーシャルメディアで共有されて、さらなる観光客の増加へと結びついている。他方、西安城壁では数多くのカップルたちが式を控え、漢服姿で結婚写真のフレームに

[9] 中国芸術祭基金会は、中華人民共和国文化観光部が主管する全国公募基金会である。
[10] https://www.sohu.com/a/229086171_591294（最終確認日：二〇二一年九月三〇日）
[11] https://www.huaon.com/channel/trend/615982.html（最終確認日：二〇二一年九月三〇日）
[12] https://www.iimedia.cn/c1061/74216.html（最終確認日：二〇二一年九月三〇日）

収まっている。つまり演出的なその歴史的空間において、漢服はそれを被写体とする映像的なコンテンツ、あるいは、その交換にもとづく映像的なコミュニケーションを産出するための重要なツールになりえている。むろんその新たな状況を可能にしている要因として、そこにデジタル写真などの映像表象と、それを他者と共有するためのソーシャルメディアが介在していることは言をまたない。以下ではデジタル時代における写真の変容を概観したうえで、それが実現する現代的な映像コミュニケーションに対して考察を試みたい。

かつてフィルム写真の時代にあっては、「シャッターを切る」という行為は、ちょっとした決断を要する行為だったように思われる。枚数が限られたフィルムを購入し、それをカメラにいれてシャッターを切る。フィルムを使い切ってからそれを写真屋にもちこんで現像してもらい、ようやくそれを映像として眺めることが可能になる。つまり、インスタントカメラのような例外を除けば、撮影から鑑賞までのタイムラグが受容の前提だったわけであり、たとえば旅行中にたくさんスナップ写真を撮ったとしても、もし旅先でフィルムを使い切らなければ、その現像、そして鑑賞のタイミングがだいぶ後にずれ込むということも、よくある話だったわけである。

それが今ではどうだろうか。携帯可能なデジタルカメラで、あるいはスマートフォンに搭載されているカメラで、たとえば旅行中に、私たちは気軽に、しかも（端末の容量が許す限りは）無際限に写真を撮ることができる。撮影された写真はすぐにデバイスの液晶モニターで、あるいは端末のタッチパネルで確認でき、それらの画像データを指先による操作で取捨選択をして、不要な画像を容易に消去することができる。そして空間を超えて存在する他者のまなざしを意識しながら、選んだ画像を即座にソーシャルメディアへとアップロードできる。同じ「写真を撮る」、「写真を観る」という行為だとしても、アナログ時代のそれとはまったく異質なプロセスがそこには介在しているのだ。

ちなみにデジタル化された写真はソーシャルメディアに取り込まれることによって、単なる「記録」というその機能のみならず、他者との「共有」という機能が意識されつつある。角田隆一は「コミュニケーションをつくる映像文化」と題された論考のなかで、現代的な「写真コミュニケーション」についてつぎのように語っている――「90年代半ばのプリクラ文化でもすでに見出されていたこのコミュニケーションは、その物質性と身体性をともなった営み――プリクラ手帳の持ち歩き！――をデジタル・ネットワーク技術によってお手軽化して、さらにローコストな写真の流通（＝拡散）を実現した。こうして二〇〇〇年代半ばには、デジタル写真を介して（不）特定多数の人とのコミュニケーションを楽しむ「写交性」が広く展開していく」（角田二〇一六：一〇九）。角田が言及する「写交性」は、むろん昨今では写真にしても動画にしても、Instagram や抖音（TikTok）などのような各種のデジタルメディアの回路をつうじて、社会の至るところで散見されるものとなりつつある。そして付言しておくならば、そのような写交性は観光地における人びとの行動――すなわち、ある場所で写真を撮り、それを他者と共有するというそれ――にも認めることができる。

観光地における写交性、すなわち映像を介したコミュニケーションは、デジタル化／ソーシャル化された写真に加えて、その撮影を惹起するための各種の仕掛けによって実現されている側面もある。たとえば図4-2は結婚式を控えたカップルによる、西安城壁を舞台とする記念撮影の様子である。つまりこのような歴史的建造物は、人びとによるポーズと撮影とを惹起する「舞台」として機能しうるのだ。

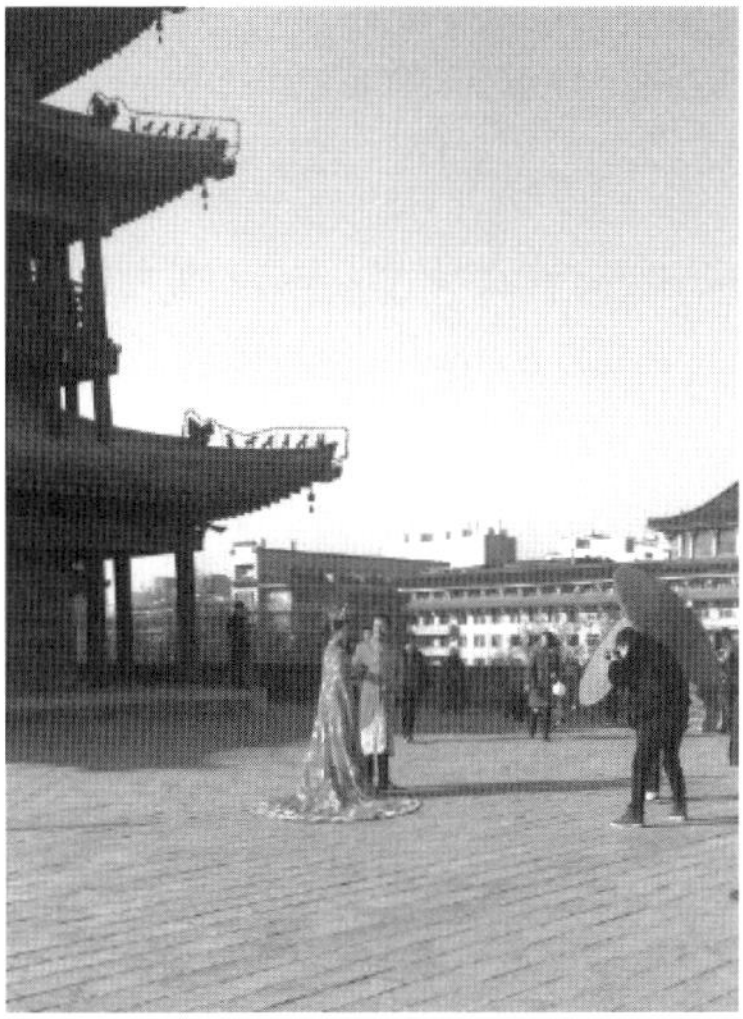

図4-2　西安城壁を舞台とする記念撮影の様子（筆者撮影）

先述のとおり西安の各所には漢服のレンタル店があり、漢服姿のツーリストがコスプレをしながらセルフィを撮るための手軽な仕掛けが用意されている。また、西安城壁では、結婚式を控えたカップルが漢服姿で記念撮影をおこなっている。そして両者にとって西安市内の歴史的建造物は、写真を介した映像コミュニケーション、すなわち「写交性」を実現するための格好の舞台となる。その際に漢服とは、一定のロールプレイのもとで望ましい現実を写真として切り取るための小道具となり、これに対してフォトスポット化する歴史的建造物とは、それをプ

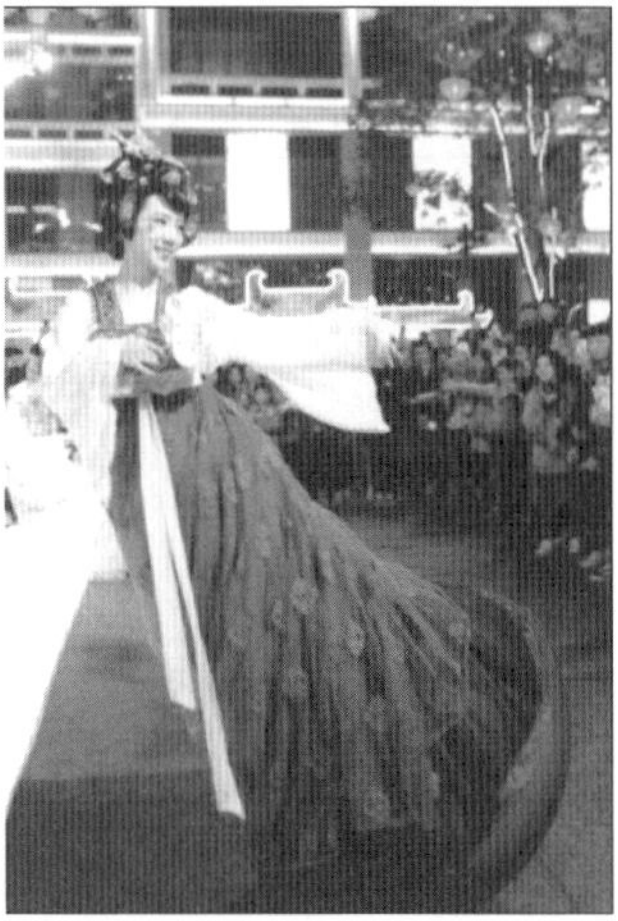

図4-3　漢服を着た「唐娘」によるパフォーマンス[13]

ロデュースするための舞台となる。そして撮影とは、人びとが歴史的な世界観に入り込むための媒介行為として機能するのだ。

第五節　COVID-19以後の状況

本章で詳述したように、中国における漢服の位置づけは歴史とともに変容してきたが、昨今では国家による政策のもとで、あるいはソーシャルメディアによる影響のもとで、それは従来と比べより多くの人びとの人気を集め、また、それにともなって市場規模も拡大しつつある。しかしその傾向に水を差すことになったのが二〇二〇年初頭における新型コロナウイルス感染症（COVID-19）の流行であった。一時期、その影響によりファッション業界も観光業界も少なからず打撃を被ったのだが、しかし中国に限っていえばその影響は長くは続かなかった。しばらく停止していた観光需要の回復を企図して、西安の西安大唐不夜城では二〇二〇年三月二〇日、感染対策を講じたうえで二ヶ月ぶりにパフォーマンスショーを再開している。ちなみにそのショーでは、唐風の衣装とマスクを着用した「唐娘」が登場したのだが、それを演じた馮佳晨はすでに西安観光業のインフルエンサーとして知名度を獲得した存在であり、彼女は上記のショーに先立ち微博（中国版Twitter）をつうじて、健康QRコードの所持、間隔一メートルのソーシャルディスタンス、マスク着用などを呼びかけている。

右記のショーが象徴するように、二〇二〇年の春、西安の観光は急回復した。旅行会社の携程旅行网（Trip.com）は二〇二〇年三月中旬の段階で観光地のランキングを発表したが、その「旅行先願望指数」によると西安は中国国内で五位、「国内テーマ地願望指数」によると西安は古城ランキング一位、観光スポットとしては西安城壁が「最も人気のある十大景勝地」として紹介されている。その後の一ヵ月のうちに、西安では五九の観光スポットが営業を再開し、五二の星級ホテルが営業を再開した。さらに旅行会社の経営も回復をみせ、西安における一一ヶ所の重点観光地を訪れた観光客は延べ三〇〇万人を超えた。このような回復基調のなかで、たとえば大唐芙蓉園の入場が無料になったり、あるいはその春節イルミネーションが三月二九日まで延長されたりするなど、観光需要の回復に即した措置がとられた。

古都・西安は、日本でいえば京都のような歴史をもつ都市であるといえるが、観光が主要産業で、それが経済発展を牽引するための原動力を担っている。それがコロナ禍およびそれ以降の状況においては、インターネットがますます重要な役割を果たすようになっている。たとえばデジタルとオンラインを組み合わせた体験や、あるいは博物館をオンラインでめぐるツアー、さらには携帯ゲームライブなどが考案されており、そのような消費をめぐる新しい光景は各種のメディアやテクノロジーとの関係のなかで「文化ツーリズム＋科学技術」、「文化ツーリズム＋工業」、「文化ツーリズム＋スポーツ」、「文化ツーリズム＋教育」などの融合と発展とを加速させつつある。また、西安は文化ツーリズムのブランド確立とその普及をめざして、抖音とのコラボレーションを積極的に展開しつつある。そのような新たな時代的状況のなかで、中国の伝統的な意匠である漢服の役割は今後もますます重要になっていくことだろう。

第六節　結びにかえて

日本人が思う中国服のイメージということでいえば、真っ先に思い浮かぶのが「チャイナドレス」かもしれない。しかしその一方で、本章でこれまで概観してきたように、中国では二〇〇〇年代に入ってから漢服運動が盛り上がり、

［13］ https://www.merit-times.com/NewsPage.aspx?unid=579249（最終確認日：二〇二一年九月三〇日）
［14］ https://www.gamecity.ne.jp/smusou8/chara_chousen.html（最終確認日：二〇二一年九月三〇日）

伝統行事やイベントなどでも漢服姿の人びとが報道される機会が増えた。そして、さらにその後、各種のデジタルメディアやソーシャルメディアの発達によって、漢服のイメージが国内外に広く拡散される時代になっている。

謝黎は『チャイナドレス大全——文化・歴史・思想』のなかで「漢服」の定義に論及しながら、それを「SNS上のコスプレに近い現象のようにも受け取れる」（謝 二〇二〇：二〇〇）との感想を述べつつ、「「漢服」を支持し「国服」にしたいと考えている人々にとっては、満州人にルーツをもつ旗袍［＝チャイナドレス］は国服にふさわしくない。なぜなら、彼らにとって、「国服」とは、中国の文化、歴史、しきたり、芸術、風俗などを表すものであり、「漢服」こそが中華民族の文明を総合的に示すことができる服飾だと感じているからである」と指摘している。しかし謝はその一方で、現代の漢服に統一的な基準がないという点にも着目している。

謝は、本章の筆頭著者である馬冬の言説——「漢服を単純に漢王朝の服とするのは明らかに間違いだ。また、漢服は漢人の服だが、明朝の時代に消失したといい、清朝の服を漢服に含むことはできないとみるのも間違いだ。清朝の服は、平民から皇族に至るまで、明朝の服飾伝統を継承・融合したものであり、漢服は中国古代から継承されてきた民族服飾である」——を引用しつつ、漢服なるものが歴史的にも文化的にも「一枚岩的」なものではない点に言及している（謝 二〇二〇：二〇一–二〇二）。また、さらに謝は馬による言葉を引用しつつ、つぎのように語る——「現在の漢服に統一した基準がない理由について、「歴史がわかる専門家は服飾がわからず、服飾がわかる専門家は歴史がわからない」からだと説明している。学会には「漢服」についての統一した認識がなく、「漢服とは何か」という問題についての検討が足りない、とも批評している」（謝 二〇二〇：二〇二）。そう考えると、「漢服」とは何か唯一の実体があるというよりは、むしろ複雑な歴史や文化のなかで織りなされた集合的なイメージとして把捉するほうが適切なのかもしれない。

本書のテーマである「越境」ということに関連していえば、中国から遠く離れた日本でも、漢服のイメージはTikTokなどのメディアをつうじて受容されるだけでなく、たとえばマンガやゲームなどのコンテンツをつうじて新

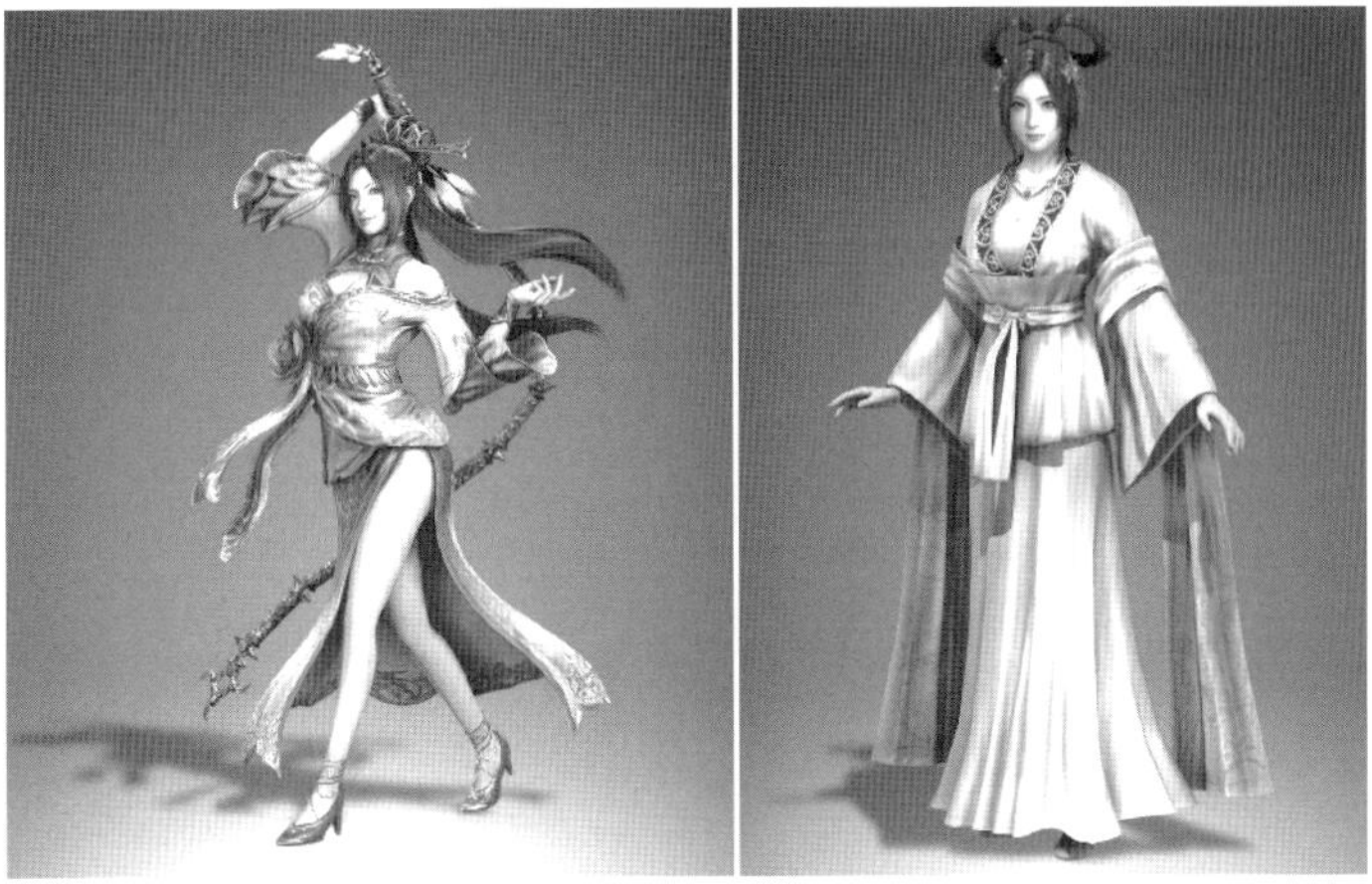

図4-4　「真・三國無双8」の貂蝉（全身画像／平服）

たに産出されうる。図4-4にあげるのは、日本の企業であるコーエーテクモゲームスが二〇一八年二月八日に発売した「真・三國無双8」の登場人物、貂蝉の衣装である。[14] これを一瞥すれば明らかなように、『三国志演義』に登場する架空の女性である貂蝉が歴史的にみて、どのような衣服をまとっていた可能性があるのか、という真正性はさほど問題とされていないように思われる。この事例が示唆するように、漢服は現在、中国の国内外において（あるいは、観光やゲームなどを含む多様な分野において）、人びとの関心を惹きつけるための文化的なリソースとして柔軟に活用されながらも、ますますそのイメージを変容させつつあるといえるのではないだろうか。

◉引用・参考文献

謝黎（二〇二〇）『チャイナドレス大全——文化・歴史・思想』青弓社
角田隆一（二〇一六）「コミュニケーションをつくる映像文化」長谷正人［編］『映像文化の社会学』有斐閣、九九-一一七頁
Innis, H. A. (1991). *The Bias of Communication*. Toronto: University of Toronto Press.
张灏（二〇一三）『汉服审美』天津大学出版社
杨娜（二〇一六）『汉服归来』中国人民大学出版社
刘筱燕（二〇一六）『当代汉服文化活动历程与实践』知识产权出版社

第四章　解　題

　近年、観光都市として名高い中国の都市・西安は、その歴史的なイメージに依拠しつつ、たとえば春節の際には「西安年・最中国」（「西安の旧正月こそ、最も中国らしい」の意）というスローガンを掲げ、大々的な観光客誘致に乗り出している。演出的なその歴史的空間において、漢服は人びとの注目を集め、自己をコンテンツ化して他者に提示するための重要な小道具になりつつある。そしてこのような現象をとおして、デジタル写真などの映像コンテンツによって、漢服のイメージはソーシャルメディアをつうじて拡散され、中国において改めて注目される状況が生まれつつある。このような西安の状況を、本章では「政策」「メディア」「観光」の三者関係に着眼しながら、その歴史的なエリアを舞台として産出される漢服イメージの分析をおこなうことで、現代情報社会におけるファッション現象を学際的な視点から考察した。

　われわれの担当章における研究上の問いとは、漢服がいかに中国において観光資源として活用されているか、というものである。研究対象に注目した経緯に関して簡単に説明すると、松本が二〇一九年一二月末に西安工程大学で招待講演をおこなった際、現地の観光事情に関して視察をおこなう機会があった。その際に、ツーリスト向けの都市イメージや観光コンテンツの形成のために漢服が活用される状況を目の当たりにして、この題材に関心をもった。今回、本書に参加するにあたって、西安工程大学ニューメデイアアート学院の学院長であり、ファッションをご専門とする馬冬教授に相談し、彼から現代の漢服利用に関する情報を提供してもらう前提で、担当章を共著で執筆することにした。

第五章　日本のモダン・ファッション形成期におけるグローバルな視点

田中千代と民俗衣装

本橋弥生

第一節　はじめに——日本のファッションの地理的越境と近代性

一九七〇年代初頭に髙田賢三（一九三九-二〇二〇）や三宅一生（一九三八-）、山本寛斎（一九四四-二〇二〇）がパリ、ニューヨーク、ロンドンでコレクションを発表し、その革新的な装いは、世界で高く評価された。なぜかれらは西洋のファッション界に衝撃を与えたのか——民族衣装からの着想や和服のような一枚の布を身体にまとわせる構造、歌舞伎の衣装のような大胆な重ね着など、西洋の洋服の規範とは異なる発想から生みだされた、新しい装いであったからである。なぜ、かれらは世界のファッションの中心地で、グローバルな視点から革新的な装いを発表することができたのか。もちろんそれはデザイナー個人の強い意志と好奇心に裏打ちされた並外れた創造力、表現力、実行力による。だが日本のファッション史を俯瞰してみると、その素地となった三つの歴史的要因が考えられる。第一に、その素地として、終戦直後から一九六〇年代半ば頃にかけて、洋裁人口の爆発的増加により「洋裁文化」[1]が勃興し、ファッション熱が異常な高まりをみせていたこと。太平洋戦争敗戦後、焦土と化した日本では、自分自身や家族の服を作る目的で、あるいは洋裁によって自立する目的で、多くの女性たちが洋裁学校に殺到し、洋裁ブームが湧き起こっていた。第二に、日常着が洋服に切り替わる戦後の洋装化の流れのなかで、パリやアメリカの流行を追うだけでなく、田中千代（一九〇六―九九）のように世界の民俗衣装にも興味をもち、グローバルな視点から日本のモダン・ファッションを考えるデザイナーがいたこと。第三に、一九六〇年代後半から七〇年代初頭にかけて、パリの五月革命やアメリカのヒッピー運動など既存の制度に異議を唱える若者たちが登場し、その対抗文化が大きなうねりとなって日本を含め世界を席巻していたこと。産業先進社会への批判から自然回帰や非西洋文化への関心が高まっていた。一点目、三点目についてはすでに語られてきたため（井上二〇一七）、本章では二点目の田中千代と民俗衣装の関係[2]に焦点を当てる。田中は直接的には、七〇年代以降に世界的な活躍をみせる日本人デザイナーたちとの交流はなかった。だが、日本のファッション文化の形成に大きく関わり、そこにパリやニューヨークの流行を追うだけではなく、世界中の民俗衣装に興味をもち、グローバルな視点から近代日本のファッションを考えたという点で、七〇年代以降の日本人デザイナーたちが国境を越え、グローバルに活躍しうる土台を準備したといえるのではないか。本章では戦前から戦後にかけて、田中千代という日本の服飾界の先駆者が、どのように民俗衣装と向き合ったのかを分析することで、日本のモダン・ファッション形成期におけるグローバルな視点の変容を明らかにする。

明治維新以降、日本人の装いは文化的異種混淆化《ハイブリディティ》のプロセスを経験してきた。西洋のファッションを日本が模倣し、文化的に借用し、自分たちの言語へと翻訳・翻案し、日本の衣文化に変容させることで近現代社会に適応させてきた。文化史家ピーター・バーク（一九三七―）は日本の文化状況を、世界文化に参画しながらローカルな文化を捨てずにいる二重生活、すなわち文化的二言語使用《ダイグロシア》としている（バーク二〇一二：二二一）が、それらは共存する別個の二つのものではなく、むしろ一つに融合し新しい文化へと変容を遂げたものといっていいだろう。一九世紀中葉にはじまる交通の発達により、地球規模の交流[3]が可能となっていた戦前から戦後の高度経済成長期にかけて、近代日本の装いを考案するために常に衣服のコンタクト・ゾーン《接触領域》[4]に身を置き続けた千代は、西洋だけでなくアジア、アフリカ、南米など広く地球を旅し、異文化と接し、日本のモダン・ファッションの創造を試みた。本章では田中千代がいかに民俗衣装を日本のファッションに取り込み、メディアを通して普及させたのかを資料をもとに歴史学的に考察する。

第二節　研究対象、先行研究、分析方法

一　田中千代

田中千代は、一九三〇年代から戦後の高度経済成長期にかけて、杉野芳子（一八九二－一九七八）や伊東茂平

---

[1]「生活文化、就中、ファッションや生活の中の着衣を支える製作のしくみや、さらにその土台にある考え方や感じ方の変化に注目する。ファッションは、生産と消費という枠組みから見れば消費文化にあたるが、生産・制作や流通と直結する売る側の意図を十分に反映した多様なメディアに取り上げられることで、作る側とも密接にかかわり、時代の表象として語り、発信するものが少なくない。さらに日常の営みとしての「着ること」は、こうしたファッション現象のみでは説明しきれない。[…]「着ること」を可能にし、支えている、作ることや選ぶことなどの着衣をめぐる細部の具体的な営みを、われわれは「洋裁文化」という言葉に託した」と定義されている（横川 二〇〇九：四六）。

[2] 経済地理学者であった夫・田中薫と千代は「民族」ではなく「民俗」という言葉を用いた。そこには「複雑絶妙な衣生活の中で、[民俗衣装は] 地域的に発生したもので、国別でも、人種別でもない、それらと地域とが複雑に結びついた、あるグループが生み出した衣服」であるという考えが反映されており（田中 一九五八：三〇－三一）、夫妻は収集方針として、あえて現地の庶民が実際に着用していた生活着にこだわった。本章においても田中夫妻の活動についてはそれを尊重し「民俗」を使用している。

[3] 一九世紀中葉の初期のグローバリズムについては、園田（二〇〇三）に詳しい。

[4] 比較文学者メアリー・ルイーズ・プラット（一九四八－）が Pratt (2008) のなかで提唱した概念。コンタクト・ゾーンとは、異質の文化が出会い、衝突しあい、互いに格闘する場所であり、しばしば、支配と服従の極度に非対称な関係において生じるとした。文化人類学者・田中雅一（一九五五－）はこの概念をさらに発展的にとらえ、フィールドワークのない学問においても、「交渉や交流という平等主義的な概念を確固に包み、そこに作用する権力や暴力、葛藤や抵抗の動きを想定することが可能となる」としている（田中 二〇一八：一六〇）。

（一八九八－一九六七）らとともに日本のファッション界の礎を築いたファッションデザイナー、洋裁教育者、服飾研究者であり、「洋裁文化」の中心人物の一人として絶大な影響力をもっていた。

一九〇六（明治三九）年に外交官・松井慶四郎[5]（後の外務大臣、男爵）の長女として東京に生まれた千代は、結婚後、一九二八（昭和三）年から、地理学者の夫、田中薫（一八九八－一九八二、以下では薫と記す）の欧米留学にともない、自身もイギリス、スイス、ドイツ、アメリカでドレスデザインと製作技術を学んだ。一九三二（昭和七）年に薫の神戸商業大学（現神戸大学）への就職を機に帰国し、神戸市外住吉村に居を構えた。アメリカからの帰国船「太平丸」で知り合った鐘紡の武藤山治前社長夫人（当時）千世子の勧めで、創設されたばかりの鐘紡サービスステーション[6]に帰国直後から勤務し、また、自宅を開放し洋裁教室「皐会」（後の田中千代服装学園、田中千代服装学園短期大学）を開設[7]した。さらに、それまでは外国人の専属デザイナーしかいなかった日本の百貨店において、最初の日本人ファッションデザイナーとして、阪急百貨店や佐々木営業部（後のレナウン）でも活動した。千代の活動は、新聞、雑誌、書籍、講演、ファッションショーといった当時のメディアを駆使して日本中へと展開され、千代は日本のファッション界を切り拓いたパイオニアとして活躍した。

田中千代の多岐にわたる活動のうち、本章で注目するのは、民俗衣装との関係である。千代は他のデザイナーや洋裁教育者同様、パリのモードやアメリカの動向、服飾に関するモダンデザインの基本を積極的に紹介した。しかし、千代が他の先駆者たちと異なっていたのは、戦前の日本が帝国主義的政策をとっていた時代から、民俗衣装をも含めたグローバルな視点で、「地球規模で日本人の装いを考える」という態度であった。人類と衣服の関係に立ち返り、近代的な生活に即した日本のモダン・ファッションを創出しようとしたのである。千代は薫とともに生涯をかけて世界六五か国訪問（田中 一九八二：二二）、約四〇〇〇点におよぶ民俗衣装を収集し[8]、自身の作品や執筆活動、ファッションショー、講演や展覧会、博物館の設立など様々なメディアを通して発信した。

二　先行研究と分析方法

田中千代は作品のデザインだけでなく、自身の体験にもとづく服飾観を服飾研究としてまとめ著作に残した（田中 一九四八：一一六）。そのなかには民俗衣装に関するものも少なからずあり、書籍として出版されたものとしては、『私の衣服研究』（一九四八年）、『原色・世界衣服大図鑑』（薫との共著、一九六一年）、『世界のきもの』（薫との共著、一九六五年）、『世界の民俗衣装――装い方の知恵をさぐる』（一九八五年）の四冊に加え、『婦人画報』での民俗衣装特集（田中 一九五八：一八-四二）や一般に流通する刊行物ではなかったが日本衣服研究所の彙報や田中千代学園の同窓会誌（田中 一九六三）、五〇周年記念冊子への掲載原稿がある。

一方、「田中千代と民俗衣装」という視点で論じた研究は、管見の限り存在しない。[9] 田中夫妻が収集した民俗衣

［5］慶応四（一八六八）年に大阪に生まれ、東京帝国大学法科大学卒業後、外務省に入省。朝鮮、アメリカ、イギリス、フランスに赴任し、日英同盟等歴史的な条約の調整・交渉を担当した。一九一九年のヴェルサイユ条約締結の功績により男爵となった。一九二四年の清浦内閣時の外務大臣を務めた。一九四六（昭和二一）年没。

［6］鐘紡は綿布の販売部門強化のため、一九三一年一〇月に「鐘紡サービス」を設立し、新製品の販売・広報をおこなった。神戸に本店を置き、海外市場開拓と輸出を担う貿易部と国内の販売・広告を担当する二部門があった。内地部は大阪（心斎橋店）と東京（銀座店）を中心に鐘紡サービスステーションを展開した。一九三一年からは世界各地の三〇か所に市場情報の収集と販売促進のための駐在員派遣と支店設置を進めた（鄭 一九九八：三六）。

［7］一九三二（昭和七）年五月に私塾として発足。一九三七（昭和一二）年一〇月に田中千代洋裁研究所と改称、一九四四（昭和一九）年三月に各種学校として兵庫県の認可を受けた。

［8］千代が亡くなってから一一年後の二〇〇〇年に国立民族学博物館に寄贈された。一九二八年の欧米留学時から収集された民俗服、風俗人形、ユニフォームのほかに、改良服、国民服も含まれている。収集方針は「現地で日常的に使われている衣服を装い方も含めて集めてこそ、その文化が分かる」という原則にもとづくもので、実際に着用している人と物々交換で入手したものが多い。あえて「民俗」衣装とよぶのもそのためである。

［9］後藤（二〇一三）は田中千代による洋装デザインに関する著作を中心に論じており、民俗衣装については取り上げていない。

装を現在収蔵する国立民族学博物館では、衣装に関する民族学的な研究（久保・高橋二〇〇二）がおこなわれている。また、戦前から戦後にかけて日本人が洋装をとりいれていく過程や「洋裁文化」については、井上雅人による『洋服と日本人——国民服というモード』（井上二〇〇一）や『洋裁文化と日本のファッション』（井上二〇一七）などの研究があるが、洋服との関係が中心である。松本由香は、戦後の民族服飾教育はとくに確立されることはなく、被服学のなかで服装史の片隅に位置づけられてきたとし、世界の民族服飾の研究の代表的なものに田中千代と小川安朗[10]（一九〇一-一九九一）の研究があるとしているが、田中の民俗衣装観に関する踏み込んだ記述はない（松本二〇〇三）。最近の研究としては、栗山丈弘、豊田かおりが、ファッション教育におけるグローバル人材の育成用教材開発にあたり民族衣装を用いており、そこで田中千代の民族衣装の分類方法を使用している（栗山・豊田二〇一三）。興味深い論考であるが、これも「田中千代と民俗衣装」を論じることに主眼は置かれていない。

したがって、本章では前述した、メアリー・ルイーズ・プラット（一九四八-）が *Imperial Eyes: Travel Writing and Transculturation*（帝国のまなざし）（Pratt 2008）において提唱し、田中雅一（一九五五-）が発展的にとらえた「コンタクト・ゾーン」の概念を援用して、千代が民俗衣装をどのようにとらえ、どのように普及させたのかについて資料から考察する。言い換えれば、「異質の文化が出会い、衝突し、互いに格闘する場所であり、しばしば支配と服従の極度に非対称な関係が生じる」コンタクト・ゾーンにおいて、「交渉や交流という平等主義的な概念を確固に包」[11]んだうえで、田中千代は異文化とどのように接触し、モダン・ファッションをどのように創造しようとしたのか、田中の民俗衣装の活動に焦点を当てて考察する。

第三節　戦前——民俗衣装との出会い

一　欧米留学

一九二八（昭和三）年、文部省在外研究員となった地理学者の夫、薫に同行し、田中千代も洋行する。横浜を出港し、神戸、上海、シンガポール、コロンボ、アデン、カイロ、ナポリ、マルセイユへと続く欧州航路は、イギリスの東洋航路を日本郵船が逆にたどるもので一か月強の旅であった。大学教員の在外研究員としての欧米派遣は、一八九三（明治二六）年に大学教師の自国化をすすめる日本政府の方針として、教授になるためのほぼ義務化された制度となっていた。[12] 第一次世界大戦後になると、日本の好景気が私費洋行を後押しし、大学教師、官僚、企業の役員、芸術家といった特権階級の一部が欧米諸国を漫遊するようになる。莫大な費用がかかるとはいえ、欧米社会を見聞きし血肉としてもち帰る洋行は、日本の近代化には欠かせないものであった（大久保 二〇〇八：ii）。外交官の家庭に生まれたものの、海外で生まれ育った弟妹とは異なり日本で成長した千代は、海外への興味が人一倍強かったのには想像に難くない。千代は欧米滞在中に、舞台衣装に興味をもち、デザインと洋服の製作技術を学んだ。それは千代のその後の生涯を方向づける経験となり、とくにチューリヒの服飾デザイン学校校長オットー・ハース＝ハイエ（一八七九–一九五九）とニューヨークのトラファゲン・ファッション・スクール校長エセル・トラファゲン（一八八二–一九六三）との出会いはその後の人生を決定づける重要なものとなった。両師からデザインの基本や技術だけでなく、

[10] 小川安朗は戦前、陸軍被服本廠の技師であったが、戦後は繊維会社勤務を経て文化女子大学（現文化学園大学）で教鞭をとり被服学を教えた。戦後、民族衣装の研究をおこない、その集大成として『世界民族服飾集成』（小川 一九九一）を著した。そこで小川は、民族衣服を①腰布型、②巻垂型、③貫頭型、④前開型、⑤体形型の五つに分類した（小川 一九九一：一二二）。

[11] 「交渉や交流という平等主義的な概念を確固に包み、そこに作用する権力や暴力、葛藤や抵抗の動きを想定することが可能となる」としている（田中 二〇一八：一六〇）。

[12] 薫と近い時期でいえば、一九二七（昭和二）年に京都帝大助教授だった和辻哲郎（一八八九–一九六〇）も在外研究員として白山丸で洋行し、この経験は後に気候を根拠に論じた文化論『風土』（一九三五年）として結実した（橋本 二〇一七：三五、三八）。

世界のとらえ方や教育者としてのあり方を学び、かれらは千代のロールモデルとなった。なかでもトラファゲンは民俗衣装[13]を収集しており、彼女から民俗衣装にもデザインのヒントやモティーフが潜んでいること[14]と、土地柄による衣服の違い、美しさ、その裏に潜む人間の心理を教えられた（田中 一九六三）[15]。だが実は、千代はその前から往路寄港地インドで民俗衣装に魅了され[16]、ロンドンでは民俗衣服の古書を買い漁っていた。

民俗衣装は経済地理学者の夫・薫[17]との共通の関心事となり、最初の欧米留学から終戦までの約一〇年間に千代は三回、薫は五回にわたり民俗衣装収集の旅に出た。

二　鐘紡在外研究員、商工省嘱託としての海外民俗衣装調査

帰国後、勤務しはじめた鐘紡の世界進出と千代の民俗衣装への関心がうまく適合し、田中千代は本格的に民俗衣装の収集をはじめた。戦前の日本において繊維産業は国の基幹産業の一つであり、鐘紡は一八八六（明治一九）年の創業以来、綿糸、綿布を生産し、一八九五（明治二八）年以降は中国向けに綿糸輸出、一九〇五（明治三八）年には生地綿布輸出を開始していた（鄭 一九九八：一六）。第一次世界大戦の大活況はさらなる市場拡大をもたらし、インド、朝鮮などのアジア諸国への進出や、一九二八（昭和三）年には南米ブラジルで会社を立ち上げ、アフリカ、中東へも輸出するなど鐘紡は世界規模で事業を展開していった（鄭 一九九八：二一）。鐘紡の当時の社長、津田信吾（一八八一－一九四八）が思い描いた「世界中の人に鐘紡の布を着せたい」という大構想（田中 一九八二：二二）に後押しされ、千代は一九三四（昭和九）年に鐘紡在外研究員および商工省嘱託としてパリのモード学校に留学[18]。帰国後、一九三七（昭和一二）年に再びパリへ赴き、芸術および技術の国際博覧会に鐘紡の職員として出品し金賞を受賞。欧州各地で服飾市場を調査、衣装を収集した（田中・田中 一九六五：一四九）。その翌一九三八（昭和一三）年には、今度は商工省嘱託として繊維製品の市場調査のため、ジャワ、セレベス、バリ、マニラ、台湾へ赴き、衣料標本を収集する機会を得た[19]。人びとの関心が西洋文化のみに集まっていた時代において、鐘紡や商工省による国の輸出産業に関する市場

調査という名目で、千代は戦前から広く世界を旅して衣文化を調査し、現地の人が着ている服と物々交換をおこなった。それは、千代がもち合わせていたグローバルな視点、多文化への興味に衝き動かされての行動であり、同時代の他の日本人ファッションデザイナーや洋裁教育者とは異なる点であった。

三　日本衣服研究所での活動

田中夫妻の民俗衣装への関心は、やがて日本衣服研究所設立へと結実する。一九三八（昭和一三）年一一月に大阪帝国大学繊維科学研究所学術講演会として、同大学医学部教授・梶原三郎（衛生学）とともに薫と千代は、衣服に関する衛生、地理的環境、輸出貿易に関する講演をおこなった。[20]この研究を発展させるため、一九四〇（昭和一五）年三月に同大学理学部繊維科学研究所内に日本衣服研究所が発足[21]した。伊藤竹之助[22]が理事長、梶原、薫、同大学理学

[13] このコレクションの一部はトラファゲン・ファッション・スクールが閉鎖された後、神戸ファッション美術館の収蔵品となった。
[14] 田中（一九四八：一一八）や田中（一九八二：二二）などいくつかの文献にみられる。
[15] 田中（一九八二：二二）に再集録されている。
[16] 「きものと洋服、せいぜい当時の中国服か朝鮮服（今の韓国）しか知らなかった私は、それ以外にどんなに不思議な美しい衣服が世界中にたくさんあるかを知って、ただ驚くばかりでした。そして印度で、あまりにも美しいサリーの一枚の布を、ただ自分の手元に置きたいという衝動にかられて買ったことが、今のコレクションの最初の一点となったと言えるでしょう。それほどサリーの伝統的な、そして独特の美しさが何も知らない私を捕らえたのでした」（田中　一九八二：二二）。
[17] 薫の主な研究対象は、戦前は台湾、戦後は南米であり、なかでもチリ・パタゴニア地方の探検調査は有名である。
[18] エコール・ドゥ・ゲールで学んだ。
[19] 同右。
[20] 一一月二〇日に新大阪ホテルにて開催された関係者およびその家族を招待しての衣服の科学的研究に関する講演会であった（日本衣服研究所　一九四一ｂ：一）。

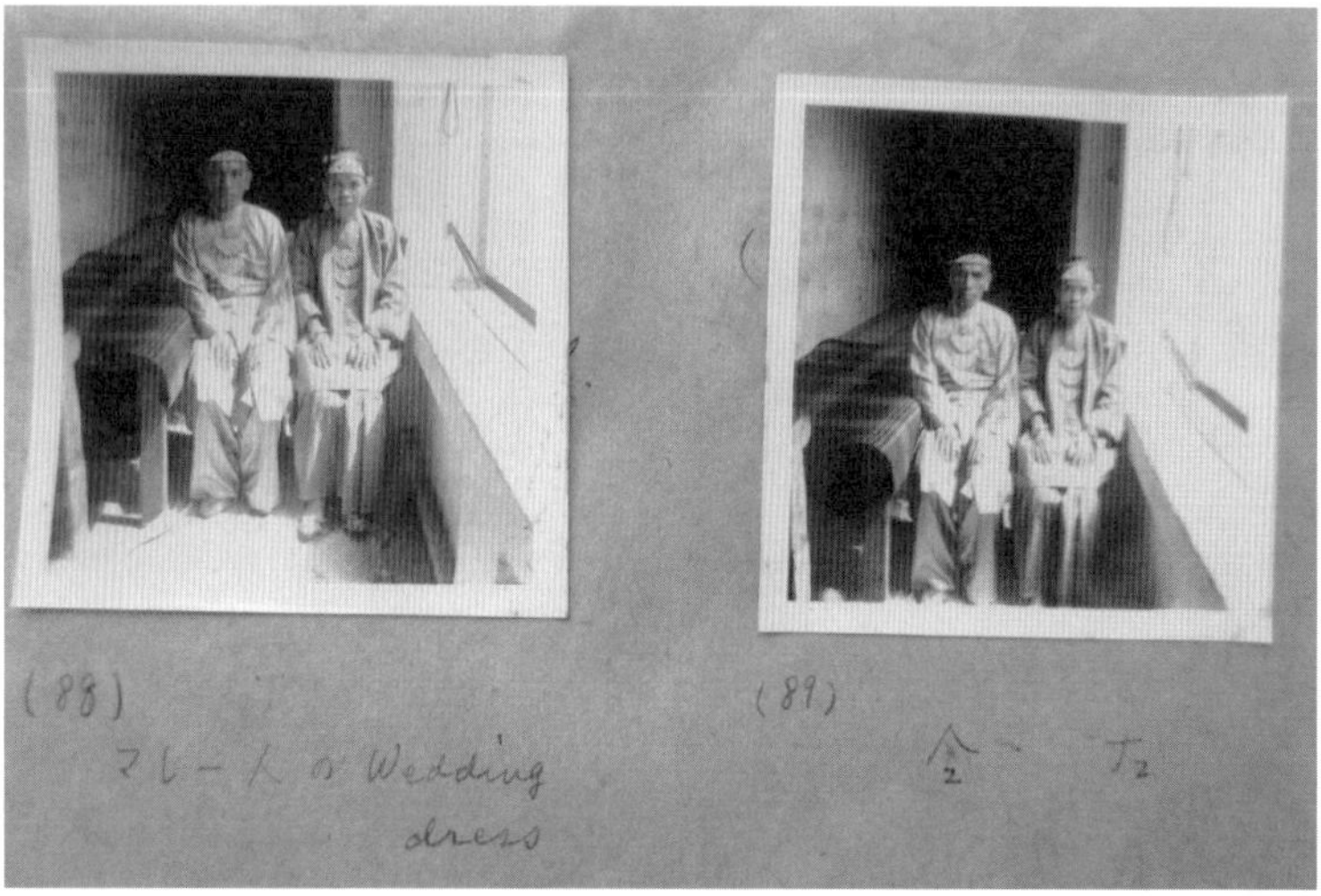

図 5-1　「マレー人のウェディング」
（1940 年、田中千代旧蔵写真、所蔵：渋谷ファッション＆アート専門学校）

部教授・呉祐吉（繊維科学研究所長）が常務理事、千代が所長、他に六名の女性研究員[23]という人員構成で、幹事や顧問、評議員には、関西を代表する繊維産業や百貨店の幹部、官僚ら錚々たる顔ぶれが名を連ねた。

明治維新以降、日本人の装いがいかにあるべきかという議論は活発に展開され、一九二九（昭和四）年には生活改善同盟会の衣服改善運動の一部を継承する形で陸軍被服本廠内に「被服協会」が設立されていた。被服協会は生活の向上よりもむしろ繊維資源の確保に焦点をあて、国防上、国家経済上、個人経済上の観点（井上二〇〇一：一〇三）から民間人の服装の制定に関与した（井内二〇一〇：九九）。一方、日本衣服研究所は、世界の衣文化に関する研究や繊維産業の海外展開を標榜し、大きく三つの柱が立てられた。第一に衣服の経済地理学的研究（実物標本の収集、整理、比較、展覧会等）、第二に服飾の研究（被服素材の適応性の研究、衣服の意匠及び裁断等、服飾文化に関する研究）、第三に衣服衛生（被服資材の衛生学的開発、衣服の衛生学的検討）である[24]。同研究所が発行した彙報[25]と写真資料[26]によると、同所は繊維の性能に関する研究をおこない、世界の民俗衣装を調査収集。その成果は講演会や二つの展覧会を主催、四つの展覧会[27]に資料を貸し出すという形で伝えられ、理事であった呉の出征により活動を停止した。同所の一大プロジェクトとして、千代は単独で一九四〇（昭和一五）年七月二六日に神戸から大阪商船「報国丸」の処女航海に便乗し、東アフリカでスワヒリ族の衣服を収集の後、タンザニア、アルゼンチン、ブラジル、パナマ、ロサンゼルスなどを歴訪し、持参した日本の着物と引き換えに約五〇〇点の衣装を一二月一八日に持ち帰るという調査をおこなった（伊藤 一九四一：六）。

[21] 一九四〇（昭和一五）年三月二三日に大阪倶楽部で開催された発起人総会の出席者は、杉道助（大阪商工会議所会頭）、小寺源吉（大日本紡績株式会社社長）、関桂三（東洋紡績株式会社副社長）ら、関西の繊維業者の中心人物たちがいた（日本衣服研究所 一九四一a）。

[22] 当時、伊藤忠商事株式会社専務取締役社長であった。

[23] 渡邊淑子、中山美恵子、森善子、山本晴子、中尾英子、頼藤登美江の六名が研究員であった（日本衣服研究所 一九四一a：三八）。

[24] 「民族と衣服展」写真より（帝京大学所蔵）。また、日本衣服研究所（一九四一a）の三八頁には下記の趣意書が掲載されている。「「衣」に関する真に科学的にして、実際的なる研究に着手せんとするものであり」「更生の方面では、国民体育、労働能率、新資源の利用、国民服、新日本服の創生、裁断の合理化、衣服の経済、衣服の衛生、日本文化の表現等の問題を取り上げ、輸出振興の方面では、輸出織物の適否、輸出相手国に於ける用途、裁断技、相手国の民族及び経済地理等の問題に就き、専ら実物標本に就いて研究し、関係業者の信頼すべき相談所たらしめるにあるのです。私共は東洋に於ける生産の中心たる大阪に此の研究所を設立し、微力ながら、日本文化に貢献し、兼ねて我国女性文化の一躍たらしめる念願であります」。

[25] 『日本衣服研究所彙報』は、第1号（一九四一（昭和一六）年九月二〇日）、第2号（一九四一年一〇月二〇日）、第3号（一九四三（昭和一八）年二月二〇日）、第4号（一九四三年九月二五日）と発行され、うち第3号は『衣服の研究と調査』という一般書籍として目黒書店より出版された。

[26] 渋谷ファッション&アート専門学校と帝京大学は日本衣服研究所時代の写真を所蔵している。

[27] 「大南洋博覧会」（北海道旭川新聞社主催、一九四一（昭和一六）年七月二七日-三月一六日）、「東亜民族と衣服展」（小倉市興亜服飾研究会主催、一九四二（昭和一七）年二月一一日-三月五日）、「新鋭機展」（大阪高島屋百貨店、一九四二（昭和一七）年二月一一日-三月五日）、「大東亜戦争と民族展」（大阪毎日新聞社主催、大阪大丸百貨店、一九四二（昭和一七）年三月一〇日-一二日）の四つの展覧会に衣服関係の資料や標本を貸し出した（日本衣服研究所 一九四三：一一二）。

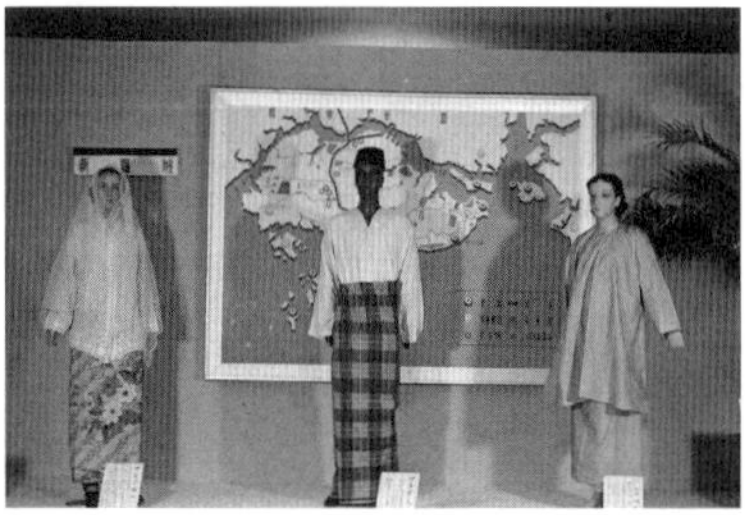

図 5-2 「民族と衣服」展（シンガポール、1941 年、田中千代旧蔵写真、所蔵：帝京大学大学院日本史・文化財学専攻）

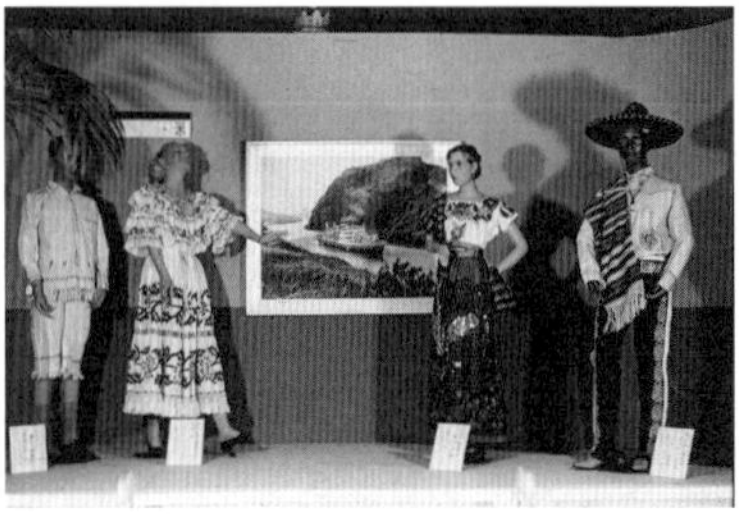

図 5-3 「民族と衣服」展（南米、1941 年、田中千代旧蔵写真、所蔵：帝京大学大学院日本史・文化財学専攻）

この調査で千代が収集した民俗衣装は、「民族と衣服」展として、一九四一（昭和一六）年に大阪、東京、神戸、福井の四つの百貨店で展示された。[28] マネキンに着せたアジア、アフリカ、欧州、北米、中南米の民俗衣装に加え、テキスタイルや人形、さらには李王妃の命により同研究所が製作した婦人改良服が展示され、世界一周を旅するように各地の気候や文化、服の構造の違いを紹介する内容であった。このとき、世界的にみても民俗衣装の学術的な研究はほぼ存在しないに等しく、衣服の分類方法が存在しないという問題に直面し、薫は一九世紀の地図学者ベルグハウスの世界衣服分布図を展示した。[29]

同展は新聞で大きく紹介され、『読売新聞』では展示内容の説明に加え、千代の婦人標準服への批判と、「私たちは衣服の改善を求める前に暑い所、寒い所の環境に自然な科学的な衣服を検討してみる必要がありましょう」[30]という発言が掲載された。千代は日本衣服研究所長として、一九四〇（昭和一五）年末から婦人国民服制定のために会議に参集され、意見を求められていた。

二回目の展覧会は、翌一九四二（昭和一七）年から四三（昭和一八）年にかけて、大阪、東京、京都、神戸の四つの百貨店を会場に「大東亜共栄圏の衣生活展」として開催された。「大東亜共栄圏建設の指導民族たる日本人と協力民族たる東亜諸民族の衣生活上の相互関係を明らかにするべく、日本衣服協会が苦心蒐集した衣服標本を中心とし、衣に関する研究の一部も加え、ここに「大東亜共栄圏の衣生活」展覧会を開催する」と会場入口に掲示されたように、同展は大東亜共栄圏構想を背景に開催された。

ここで注目したいのは、服飾の分類や分析方法などが一年半前の展覧会より学術的なものへと深化していた点である。[31] なかでも冒頭の「衣服の基本構造分類」では民俗衣装を地理学的な分類ではなく初めて（一）裸型、（二）貫頭衣、（三）筒型、（四）肩掛型、（五）衽型、（六）立体型という基本構造から分類し、衣服の構造と地理的分布がわかりやすく示されたのである。同展の直前に、薫は「衣服学」という新しい学問の樹立構想を研究所の彙報に提言しており、[32] 前述した衣服の六つの類型[33]はそこで初めて提示されたものであった。

戦前、千代は洋装やモダン・デザインに関する先進的な内容の著書（田中千代 一九三三、一九三六、一九四三）を出版したが、民俗衣装についてまとめたテキストはそれほど多く残していない。[34] 欧州航路の寄港地で興味をもち、着手した民俗衣装研究は、鐘紡というグローバル企業の世界戦略や大東亜共栄圏構想という植民地政策が千代に貴重な調査

---

[28] 大丸心斎橋店（一〇月二七日-一一月一日）、新宿伊勢丹（一一月一日-一三日）、大丸京都（一九四三（昭和一八）年一月一九日-二四日）、神戸大丸（二月二日-七日）の四会場にて開催された。

[29] Berghaus' Physikalischer Atlas VII. Abt. Volkerkunde no. V Bekleidung, 1892 を参照したとある（田中薫 一九四一：一七、二一）。

[30] 「南方のものはその土地の気候風土、資源など特定の条件を百％考慮して出来上がっています」と南方の民俗衣服を評価した後、科学的な衣服の検討の必要性を訴えている（『読売新聞』一九四一年四月二三日）。

[31] （一）衣服様式、（二）衣服と生理的気候、（三）大東亜諸民族の衣服、（四）衣服参考品、（五）働き着、（六）大東亜共栄圏の衣服試案、（七）衣料資源と消費量に関する統計図、（八）大東亜諸民族の衣生活に関する写真という八つの章構成であった。

[32] それによると、「日本衣服学」は大きく「一般衣服学（衣服学総論）」と「特殊衣服学（世界衣服誌、東亜衣服誌）」の二つの系列からなり、「一般衣服学」においては衣服に関する理論を追求し、衣服科学を通して、日本人の国民生活を規定し、大東亜共栄圏における全民族の総合的な衣生活上の基準を確立することを目的に掲げている。他方、「衣服誌」においては、衣服を地域的（地理学的）にまたは民族的（民族学的）にまたは技術的（政治的、経済的、芸術的）に把握し、その個性を正確に記載することにあるとし、衣服には歴史的、地理的、民族的、資源的等の環境があるため、この環境との有機的関係において記述されなければならないとした（田中薫 一九四三：八九）。

[33] 展覧会とは順序が異なり「1、合セ型、2、筒型、3、肩掛型、4、貫頭型、5、立体型、6、非被覆型（全裸型）」とされていた。

の機会を与え、民族学的な方法を採り入れながらはじまった。

第四節　戦後――モダン・ファッションと民俗衣装の普及

戦後、千代はファッションデザイナー、洋裁教育の第一人者としての輝かしい活動を展開した。自身が運営する洋裁学校で教鞭を執る傍ら、婦人雑誌等でも毎号精力的に自身がデザインした作品やファッション観を発表し、ファッションショーの仕組みを整え全国各地で開催した。そして一九五二（昭和二七）年には香淳皇后（一九〇三―二〇〇〇）の衣服相談役となり[35]、翌一九五三（昭和二八）年には鐘紡の業務として日本で最初にクリスチャン・ディオールから型紙を買い付けてショーを開催するなど[36]、活躍の場を広げていった。その傍ら、戦前はほんの一部のテキストや日本衣服研究所の展覧会としてしか発表の機会がなかった民俗衣装研究にも注力し、書籍や雑誌、ファッションショー、展覧会というメディアを通してその普及に尽力した。

一　『私の衣服研究』（一九四八年）

千代は洋服だけでなく戦前の民俗衣装調査の成果を含めた服飾観を、戦後すぐ一九四八（昭和二三）年に『私の衣服研究』（婦人画報社）にまとめた。それは人類と装いについて、時間軸（服飾史）と空間軸（地理的分布、民俗衣装を含む）から語る包括的な書物で、表紙の見返しでは、読者への三つの根源的な問いを投げかけた。

洋服が世界的の衣服にどうしてなってしまったかを考えたことがありますか。色が美しいとか、形がよいとかというほかに、その目的や性能などについて、考えたことがありますか。

日本人もまたこれから国際的立場に立ってゆかなければならぬ時、従来の日本のキモノについて考えた事がありますか。キモノと洋服、そこに衣生活の大きな改良問題が課せられています。

洋裁の技術はさいきん洋裁学校や研究所などで、すばらしいいきおいで習得されていますが、その洋裁普及の意味が、どこから来ているかを、まずきわめておく必要があります。

本文中では人類と衣服の歴史、構造と発展、衣服と身体、衣生活、民俗衣服収集の旅についてなど千代の体験談も踏まえて、多岐にわたる視点から衣服についてまとめられており（田中 一九四八：六二）、時間と空間を超越した衣服の普遍性と、その一方でローカルな場所で発展を遂げる衣服の土着性について論じている。西洋の衣服をいかに日本の服装に翻訳するかという点に主眼を置いていた当時の洋裁教育者やデザイナーにはない、はるか大きな視点で、千代は日本人の装いをとらえていたことが一目瞭然に表れている。

二　**「世界風俗ショー」**（一九四九年）

翌一九四九（昭和二四）年に千代は大阪、東京、高松にて、「世界風俗ショー」を開催[37]した。戦後のファッション

[34] 例として、一九三八年の『婦人画報』への寄稿記事（田中千代 一九四一：一二–一四）などがある。
[35] 一九五二年から五九年まで香淳皇后の衣装相談役を務めた。千代は日本で最初の「皇室デザイナー」であった。
[36] 一九五三年に鐘紡のデザイナーとして渡仏し、クリスチャン・ディオールから直接型紙を買いつけ、一〇月に東京と大阪でファッションショーを開催した。
[37] 各会場の開催日時は以下のとおり。朝日会館（一九四九年五月一五日一〇時、一四時）、共立講堂（一九四九年一一月八日一三時、一七時）、高松体育館（一九五〇年五月七日）。詳細は拙稿（本橋 二〇一八：二五二–二五四）を参照のこと。

ショーブームの興隆期に、民俗衣装を紹介するショーはこれが最初のものであった。当時の代表的な婦人雑誌であった『婦女界』、『ホーム』、『婦人世界』、『婦人生活』、『婦人公論』、『婦人倶楽部』、『主婦の友』、『婦人画報』の八誌が後援する強力な体制で、このショーの実現には、婦人画報社の熊井戸立雄の協力があった。北南米、ヨーロッパ、東南アジアの衣装五五点を生徒がまといランウェイを歩いたこのショーに、各回四〇〇〇人の観客が押しかけ、満席の客席からステージに熱い視線が投げかけられた。

以降、千代は「地球は着る」[38]（一九七八年）に至るまで民俗衣装をテーマとするファッションショーをおこない、民俗衣装の特徴や魅力を伝え続けた。準備に膨大な労力と経費がかかるショーをこれほど多く開催したのには、ファッションを普及するメディアとして総合芸術的な空間を創出し、観客に感動を与えつつライブでメッセージを伝えるファッションショーに、千代は何よりも魅力を感じていたのであろう。満席の熱気に包まれた会場で、ステージに熱い視線を向ける観客の姿が写真に残されている。

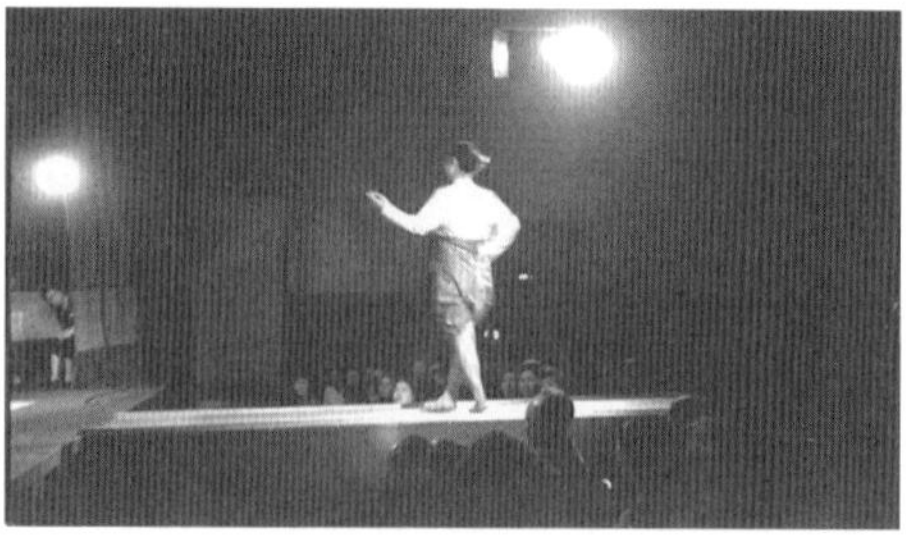

図 5-4　「世界風俗ショー」1949 年
（田中千代旧蔵写真）

三　『婦人画報』での民俗衣装特集

一九五三（昭和二八）年の『婦人画報』では、千代は巻頭カラー連載「きものの歴史」[39]として、古代エジプト[40]時代から近代までの西洋服飾史をテーマに記事を執筆した。当時、一九五二（昭和二七）年に日本が国際連合に加盟申請をしたという時代背景[41]もあり、民俗衣装が国際理解の象徴として注目されたのであろう[42]。

一九五八年の『婦人画報』（二月号）では、千代は二五頁にわたる大特集「世界の民俗衣装」（田中千代　一九五八：一八-四二）を執筆した。千代は民俗衣装を（一）腰衣型　巻型　筒型（サロン型）、（二）貫頭衣型（ポンチョ型）、（三）

袈裟型（ショール型）、（四）きもの型（寛衣型）、（五）ズボン型、（六）クローク型（立体的な外套型）に分類し、民俗衣装から着想を得て自身がデザインしたモダンなドレスとともに解説。「民俗衣装は現代の常識では考えつかない刺激を内包しており、新しいデザインの無限のヒント」となること、「民俗衣装は、服装史の材料として価値があるばかりでなく、地理、歴史、風俗などの社会科の大切な資料でもあり、また、貿易のための見本」であるとその効用を力説した。

---

［38］千代は一九五五（昭和三〇）年に「田中千代世界の民俗衣服ショー」（大阪・中之島中央公会堂、大阪女学院、神戸・山手学園）、一九五七（昭和三二）年一一月に創立二五周年記念「世界の民俗衣装ショー」（芦屋学園、東京パンテオン劇場、福岡電気ホール、名古屋名鉄ホール）、一九六〇（昭和三五）年にＮＨＫテレビ「世界の民俗衣装ショー」、一九六二（昭和三七）年一一月に創立三〇周年記念ショー「田中千代新作品と世界の民俗衣装」、（東京・サンケイホール、大阪・フェスティバルホール、名古屋・名鉄ホテル、福岡・電気ホール）、一九六四（昭和三九）年に「世界の人々の衣装と最近の服装の動き――東京オリンピックを終えて」（田中千代芦屋学園、東京学園）、一九六八（昭和四三）年に「世界の衣服――民俗衣装・人間・風土・宗教・くらし・知恵」（田中千代芦屋学園、東京学園）、一九七八年六月「地球は着る」ファッションショー（東京・帝国劇場、大阪・フェスティバルホール、名古屋・名鉄ホール）を開催した。

［39］『婦人画報』一九五三年四月号から一一月号まで、「1、エジプト時代」「2、ギリシャ時代」「3、十二世紀」「4、十五世紀」から「8、十九世紀」など特集が組まれた。

［40］初回の「エジプト時代」では、再び当時の服装を腰衣型、袴型、肩衣型、寛衣型、着物型、肩掛型の六つに大きく分けてみることが一番適当だと述べている（『婦人画報』一九五三年四月号、九頁）。

［41］一九五六（昭和三一）年に承認された。

［42］一九五四（昭和二九）年一二月六日に日比谷公会堂で開催された日本国際連合協会東京都本部が主催、早川雪洲が企画した「世界ファッションと音楽の集い」へは、千代は民俗衣装を貸し出し、淡谷のり子らがそれを着て歌っている。後援は東京都、読売新聞社、日本国連協会であった。プログラムの内容は、1国連の歌、2世界人権宣言、3演出者のあいさつ、4皆さんの知っている歌というものであった。

ここで重要なのは、千代は民俗衣装から着想を得た近代生活にふさわしい、モダン・デザインとしての作品を発表しつつ、民俗衣装とその現代への応用の可能性について、写真やイラストを用いて一般読者にわかりやすく伝えている点である。当時、千代の活動については、学生から皇室まで幅広い層の女性たちが関心をもっており、身近とは言い難い世界の民俗衣装を、千代は婦人雑誌を通して全国に普及させた。千代のこうした活動が日本のファッション界に地理的、時間的越境を促し、多文化を受容する土壌の形成を促進したといえるだろう。

四　『原色・世界衣服大図鑑』（一九六一年）、『世界のきもの』（一九六五年）、『世界の民俗衣装――装い方の知恵をさぐる』（一九八五年）、「地球は着る」（一九七八年）

一九六〇年代には、東京オリンピック（一九六四年）開催を目前に世界への関心が高まるなか、千代は薫との共著で『原色・世界衣服大図鑑』（一九六一年）と『世界のきもの』（一九六五年）を出版した。薫が中心となって著された両著書は地理学的な分類が軸となっていた（田中・田中　一九六五：九二―九三）。[43]

その約二〇年後、薫亡き後、千代は単独で『世界の民俗衣装』（一九八五年）を著した。これは千代の民俗衣服論の集大成といえるもので、地理学ではなく、服の構造を基軸に「まく」、「あな」、「わ」、「はく」という四つの型に分類し、自身の体験を踏まえて服の構造を解説している（田中　一九八五）。

千代がおこなった最後のショー「地球は着る」（一九七八年）もこの分類に基づいて、民俗衣装から着想を得た千代のデザインした服を加えたもので[44]、秩父宮妃も来場した。このショーは新聞でも大きく取り上げられ、『読売新聞』においては「民族衣装は、地球上に散らばって住む人間の服が、風土、生活環境、風俗習慣の差によって、おのずからデザインができあがり、その土地にふさわしい美しさを備えていることを示していた。［…］ここ数年のファッションは民族調が主流となっている。かわいらしいペザントルック（農民ルック）は、おもに東京の野良着がヒントだし、すっぽり全身をおおうアフリカ、中東ルックも、いまやすっかりおなじみ。現在流行しているビッグ・ルックも、これら世界各地の民族衣装がヒントといわれるだけに、その〝デザインの原点〟を総ざらいしてみせたこのショーは実にタイムリーであったといえる[45]」と評された。

第五節　おわりに

田中千代は人類の装いの歴史を、民俗衣装をヒントに日本人離れしたグローバルな視野でとらえ、生涯をかけて「現代の生活にふさわしい装いは何か」という問いに真摯に取り組んだ[46]。世界各地に寄港しながら船で旅した戦前から、民俗衣装を通して衣文化の地理的・時間的な越境を試み、グローバルな視点から、多様な異文化と積極的に接触することで日本のファッションを創造しようとしたのは必然であったといえよう。洋裁文化が成熟しきった一九六〇

---

[43] 衣服の構造分類は、（1）腰衣型、（2）外套型、（3）貫頭衣型、（4）円筒衣型、（5）袈裟衣型、（6）キモノ型、（7）ズボン型、（8）肩掛型と八つに分類している（田中・田中 一九六五：一〇三）。

[44]「地球は着る」では四つの型に「はおる」、「民族の島」、「平面と立体の境」、「敬う」というコンセプトが追加され、さらに民俗衣装から着想を得た千代のデザインした服を加え、ストーリーに変化や奥行きをもたせたものであった。

[45]『読売新聞』一九七八年六月二九日朝刊、一三頁。

[46] 紙幅の都合により言及できなかったが、千代は戦前から、和服をいかに現代生活に適したモダンデザインにできるのかという問いをデザイン上の一つの主題としており、一九五〇（昭和二五）年六月には「田中千代のきものと子供服ショー」（一九五〇年六月二一日、主婦の友社主催、東京の読売会館にて開催）において「ニューきもの」として発表した。イサム・ノグチ（一九〇四-八八）の助言もあり、より大胆に発展させたものをもとに、同年一一月、ニューヨーク大学留学中にブルックリン美術館で「十二単衣から現代まで：新しいキモノ」（一九五〇年一一月一三日）と題したファッションショーを開催した。おそらくこれは日本人が海外でおこなった最初のショーであり、千代の作品は「ニューヨークタイムス」紙で大きく紹介された。詳細については本橋（二〇一八：二五四-二五八）を参照のこと。その後、千代は五〇年代を通して「ニューきもの」に積極的に取り組んだが、六〇年代になると民俗衣装への関心に収斂されていく。

年代には女性だけでなく男性にも洋裁への門戸が開かれ、海外への渡航の自由化により、一九七〇年代になると日本のファッションは「世界のファッション」として、パリやニューヨークへと越境し、自由、多文化、多様性を特徴として、西洋のファッション界に新しい風を巻き起こした。その土台には、グローバルな視点から、コンタクト・ゾーンに敢えて身を置きながら近代日本のファッションを創造しようとした田中千代の、民俗衣装に象徴されるグローバルな取り組みがあったのである。

◉謝　辞

本章の執筆にあたり渋谷ファッション&アート専門学校（旧田中千代学園）の志賀健二郎校長、帝京大学の岡部昌幸教授、文化学園大学の吉村紅花氏より資料閲覧に御協力賜りました。この場を借りて心より御礼を申し上げます。

◉引用・参考文献

井内智子（二〇一〇）「昭和初期における被服協会の活動――カーキ色被服普及の試みと挫折」『社会経済史学』七六（一）、九九–一一八
伊藤竹之助（一九四二）「開会の辞」『日本衣服研究所彙報』二、一九四一年一〇月二〇日、六
井上雅人（二〇〇一）『洋服と日本人――国民服というモード』廣済堂出版
井上雅人（二〇一七）『洋裁文化と日本のファッション』青弓社
大久保喬樹（二〇〇八）『洋行の時代――岩倉使節団から横光利一まで』中央公論新社
小川安朗（一九九一）『世界民族服飾集成』文化出版局
久保正敏・高橋晴子［編］（二〇〇二）『みんぱく発見⑦　田中千代コレクション――世界の民族服と日本の洋装100年』国立民族学博物館
栗山丈弘・豊田かおり（二〇一三）「異文化理解のための民族衣装の教材化――教材「世界の民俗衣装」の開発と実践」『ファッションビジネス学会論文誌』一八、三三–四〇
後藤洋子（二〇一三）「田中千代の服飾観」『服飾美学』五六、一九–三六

園田英弘（二〇〇三）『世界一周の誕生――グローバリズムの起源』文藝春秋
田中　薫（一九四一）「地理学上より見たる衣服」『衣服学研究所彙報』二、一九四一年一〇月二〇日、一七、二一
田中　薫（一九四三）「日本衣服学の構想」『衣服の研究と調査（日本衣服研究所彙報第3号）』八九
田中　薫・田中千代（一九六五）『世界のきもの』保育社
田中千代（一九三三）『新女性の洋装』南光社
田中千代（一九三六）『新洋装読本』南光社
田中千代（一九三八）「ジャバ便り」『婦人画報』一九三八年十月号、一五八-一六〇
田中千代（一九四一）「世界一周　衣服収集の旅」『海』一九四一年二月号、大阪商船、一二-一四
田中千代（一九四三）『創意と衣服』船場書店
田中千代（一九四八）『私の衣服研究』婦人画報社
田中千代（一九五八）「特集　世界の民俗衣装」『婦人画報』一九五八年二月号、三〇-三一、一八-四二
田中千代（一九六三）「民俗衣装と私」『緑紅』一四、一九六三年三月、二八-三一
田中千代［発行］（一九八二）『50周年・田中千代学園』学校法人田中千代学園
田中千代（一九八五）『世界の民俗衣装――装い方の知恵をさぐる』平凡社
田中雅一（二〇一八）『誘惑する文化人類学――コンタクト・ゾーンの世界へ』世界思想社
鄭安基（一九九八）「1930年代鐘紡の多角化とグループ展開」『経済論叢別冊　調査と研究』一六、一五-四六
日本衣服研究所（一九四一a）『日本衣服研究所彙報第1号』一九四一年九月二〇日
日本衣服研究所（一九四一b）『日本衣服研究所彙報第2号』一九四一年一〇月二〇日
日本衣服研究所（一九四三）『衣服の研究と調査（日本衣服研究所彙報第3号）』一九四三年二月二〇日
バーク、P／河野真太郎［訳］（二〇一二）『文化のハイブリディティ』法政大学出版局（Burke, P. (2009). *Cultural Hybridity.* Cambridge: Polity.）
橋本順光（二〇一七）「欧州航路の文学――船の自国化と紀行の自国語化」橋本順光・鈴木禎宏［編著］『欧州航路の文化誌――寄港地を読み解く』青弓社、二三一-五一頁
松本由香（二〇〇三）「戦後の被服学教育・研究における民族（民俗）服飾分野の展開」『家庭科教育』七七（一二）、四一-四六
本橋弥生（二〇一八）「田中千代とファッション・ショー――戦後から1950年代を中心に」『国立新美術館研究紀要』五、一二四〇-

二七六

横川公子〔編〕（二〇〇九）『文部科学省学術フロンティア推進事業「関西圏の人間文化についての総合的研究」関西文化研究叢書　別巻　洋裁文化に関わった人々とその足跡』（インタビュー集3）

Pratt, M. L.（2008）. *Imperial Eyes: Travel Writing and Transculturation*, 2nd ed. New York: Routledge.〔初版発行年：一九九二年〕

第五章　解　題

　本章では髙田賢三、三宅一生、山本寛斎ら一九七〇年代以降、国際的に活躍した日本人ファッション・デザイナーの出現を準備することになる田中千代に焦点をあて、戦後の洋装化のなかで欧米の流行を追うことが主流となるなか、欧米だけでなくアジア、アフリカ、南米等広く地球を旅して異文化と接し、洋服の規範にはない日本のモダン・ファッションという新たな文化の創造を試みた軌跡をたどった。また、田中千代がいかに民俗衣装をグローバルな視点で日本のファッションに取り込み、メディアを通して普及させたのかを資料をもとに歴史学的に考察した。

　これまで日本のファッションといえば、一九七〇年代の髙田賢三や三宅一生、山本寛斎の活躍から語られてきた。たしかにかれらの活動は世界の人びとのファッションの価値観を変化させるほどの衝撃を与えるもので、その功績は誰もが認めるところである。その一方で、敗戦後わずか二五年でかれらを輩出した日本のファッション界の土壌はどのようなものだったのか――その点を明らかにしたいと思い、戦前から戦後にかけてファッション・デザイナーとして、洋裁教育者として、服飾研究者として、日本のファッション界の礎を築いた中心人物の一人、田中千代に焦点を当て、本章では彼女のグローバルな視野を象徴する特徴として、民俗衣装との関わりについてまとめたものである。

　これまで一九七〇年代以前の日本のファッション史については、あまり研究されてこなかったが、二一世紀に入り、この研究テーマは活発な展開をみせている。井上雅人による『洋服と日本人――国民服というモード』（二〇〇一年）および『洋裁文化と日本のファッション』（二〇一七年）や常見美紀子の『桑沢洋子とモダン・デザイン運動』（二〇〇七年）などの研究によって、戦後に洋装が広まった契機として国民服が重要であったこと、さらには戦後の洋裁ブームの勃興により生まれた洋裁文化の諸相やその中心人物の一人である桑沢洋子の活動を通して、ファッションとモダン・デザイン運動との関連が明らかにされた。

　これら先行研究により、戦後日本の洋裁文化の全貌は明らかにされたが、個別に取り上げるべきテーマはまだまだある。これまでの研究は「洋装」（＝西洋文化）をどのように取り入れたのか、というのが前提とされており、西洋をも越境したグローバルな視野については語られてこなかった。田中千代のように戦前から洋服だけでなく民俗衣装にも興味をもち、人類の装いの歴史と風土の関係を、現地に赴き、直接、着用者から着物と物々交換で入手するところから近代服を考案しようとしたデザイナーがいたからこそ、日本のファッションは短期間で深化したのではないだろうか。彼女のグローバルな視野が、日本のファッションを国際的なレベルにまで引き上げる土壌をつくり、やがて世界を標榜するデザイナーたちの出現へとつながっていったのではないだろうか。

　残念なことに、現在では田中千代の名は忘れ去られている。だが、彼女の活動を掘り起こすには充分なエフェメラ類を含む資料が閲覧できることがこの取り組みを後押しした。

分析方法としては、文学研究者メアリー・ルイーズ・プラットが一九九二年に*Imperial Eyes: Travel Writing and Transculturation*で提起し、文化人類学者・田中雅一によってさらに広く展開された「コンタクト・ゾーン」という概念を念頭に置いてみたが、方法といえるほど前面には出せていない。エフェメラ類を含めた資料の調査を通して、忘れ去られた歴史を掘り起こす、資料的なテキストになったのではないかと思う。

なお本章は、二〇一八年三月四日に国立新美術館で開催された「Transboundary Fashion Seminar 4.2: Art in Fashion, Fashion in Art（越境するファッションセミナー4.2：ファッションの中のアート、アートの中のファッション）」での口頭発表を発展させたものである〈https://transboundaryfashion.wordpress.com/2018/05/08/seminar-4-2-art-in-fashion-fashion-in-art/（最終確認日：二〇二一年九月一七日）〉。

第Ⅱ部

アイデンティティの越境

第六章 越境する刻印身体

モダン・プリミティヴにおけるスティグマからカリスマへの変貌

田中雅一

第一節 はじめに——刻印身体とは?

ファッションは、何よりも着る人の身体に関わる。ファッションは身体の脆弱さを補うことで、人間が厳しい自然環境に適用することを可能にする。極寒の地に住むイヌイットたちが毛皮を身につけるのは理にかなったことである。これは、保温や保護など、ファッションの機能的側面といえる。しかし、ファッションにはそれ以外の役割も認められる。それは記号としての役割である。機能としてのファッションが自然との媒介なら、記号としてのファッションは社会との媒介である。たとえば冬の東京で毛皮のコートを身にまとっている女性をみたら、私たちは彼女が富裕であるとか動物愛護に関心がないといった判断を下すかもしれない。この場合毛皮はこの女性についての記号なのである。ファッションだけではない。身体もまた記号として作用する。

身体は自己と切り離せない。私の身体は通常私以外の何者でもない。しかし、自意識(自己)は身体そのものとはいえず、身体から距離がある(とされている)。私は、身体を所有し操作する。しかし、それを他の身体に取り替えるわけにはいかないし、完全に客体化することも困難である。私には違いないけど、私ではない。それが身体である[1]。

身体と自意識とのずれは、私の身体は自己にふさわしいのかという悩ましい問題を突きつける。世に溢れている痩身の広告は、理想と現実のずれを表しているし、繰り返し訪れるダイエットブームは理想の身体を実現することがいかに困難なのかを示唆している。極端な場合、自意識（性自認）は女性なのに、身体は男性という事態が生じる（性自己同一性障害）。

自己と身体とのあいだにずれを感じる理由の一つは、身体だけが常時他人に晒されているからだ。他人がいなければ、そして自己の身体を映す鏡がなければ、ずれもそれほど気にならない。ずれは人間の特徴を表すと同時に、社会性の産物でもある。他者との関係で私は身体であり、身体は自己の記号なのである[2]。

顔や身体は、自己を表したり、自己が属している集団のアイデンティティを表したりする媒体あるいは記号として作用する。悲しい表情やしぐさは、悲しいと感じている自己を表す。軽い足取りは、幸せそうな心情と同一視される。私たちの容貌や皮膚の色は、私たちが属する地域性や集団を表す。しかし、身体のヴァリエーションは限られているし、記号としてメッセージを託すには圧倒的に選択肢が少ないのもたしかである。選択肢の少なさを克服するために、身体に記号を刻印する（身体加工）という方法が求められる。ファッションに較べればこれも限界があるとはいえ、自己と他者、自集団と他集団を区別するのに有効である。身体加工がなされた身体をここでは「刻印身体（inscribed body）」とよび、身体加工がなされていない自然身体と区別することにする。

第二節　身体加工の種類と目的

身体加工（身体変工、身体改造）は、切開、狭窄、打撃、切断、縫合、焼灼（branding）などの手段による身体の半永久的な改造を意味する[3]。針で皮膚に穴を開け、そこに塗料を埋め込んで文様を描くいれずみ（入墨、刺青、文身、黥）、皮膚に傷をつけそこを盛りあがらせて文様を描く創痕あるいは瘢痕文身（あるいは瘢痕傷身 scarification）、抜歯、頭蓋窄孔、指詰め、耳たぶや鼻、性器などに穴を開けリングをつけたり貴金属を埋め込むピアッシング、包皮を切除する男子割礼やクリトリスなどを切除する女子割礼（女性器切除）、異物を埋め込む補綴（prosthesis）やインプラント、乳房に熱した葉っぱを押し当てて成長を阻害するブレスト・アイロン（breast ironing）、古くは中国の纏足などがよく知られている。

吉岡は、以下のような目的がいれずみにあると指摘しているが、これは、他の身体加工にもほぼ当てはまる。

1．民族あるいは男女の記号（表徴）、2．階級の記号、3．勇者の記号、4．婚期を示す女子の記号、5．宗教的な理由、6．身体装飾・化粧、7．医療の目的でおこなうもの、8．刑罰、威嚇、性的な動機、流行、好奇心など。

（吉岡 一九八九：六〇-六五）

最初の五つは社会的地位の記号として身体加工が作用していることを示している。8の刑罰も、こうした記号的側面が認められる。また、5や7、8の威嚇は実際の効果はどうであれ、身体加工の保護的機能を表していると考えられる。

伝統社会における身体加工は、人生儀礼の一部として実施されることが多い。人生儀礼は、出産（あるいは受胎後）から成人式、結婚、還暦、葬式、さらに死後の儀礼など、人生の節目節目に実施される儀礼である。初潮儀礼（成女式）、入学式、卒業式、入社式、退職にともなう儀式などもこれに含めることが可能である。人生儀礼に対比されるのが、正月や節句など年の節目におこなわれる年中儀礼である。入学式なども当人にとっては人生儀礼だが、学校か

［1］ファッション・スタディーズにおける身体と自己の関係については、井上（二〇一九：八〇-九二）、谷本（二〇一七）を参照。

［2］身体とならんで自己を表す媒介として重要なのは言葉だが、言葉を常に発しているわけにはいかない。

［3］以下は吉岡（一九八九）を参照。

らみると年中行事となる。七五三やお盆なども、人生儀礼という側面と年中行事という側面の両方をあわせもつ。

　日本でなされていたお歯黒の場合、成人にあたる一三歳になると最初のお歯黒が施された。現代日本では、人生儀礼に結びつくような身体加工はないが、二〇歳の記念にといった個人的な動機でピアッシングをしたり、入社式を控えてプチ整形をしたりする事例に出会ったことがある。

第三節　伝統的な身体加工――東アフリカ・ヌエル人の場合

　ヌエル人は、東アフリカの南スーダンやエチオピアに住む牧畜民である[4]。少年たちは、成人式にあたる儀礼でガルという傷を額に受ける（図6-1）。まず、一三歳を過ぎると少年たちは儀礼への参加希望を父に伝える。その後、叔母に頭髪を何本か抜き取ってもらい、姉妹に頭を剃ってもらう。頭髪は子どもの段階を象徴するため、とりのぞく必要がある。穀物と牛の糞を燃やしてできた灰が、家の神の社にささげられる。つぎに去勢された羊が殺される。そして、横たわる少年の額に専門家が六本の切り傷をつけるのである。その後、少年は父から新しい雄牛を受け取り、その模様にちなんだ新しい名前を受ける。さらに男性性を象徴する槍を受け取る。

　この儀礼を受けなければ、結婚もできないし、また戦いにも参加することはできない。大人になると男性は、搾乳など、女性の仕事と思われているものには従事しない。腹が減っていても、食事の催促は恥ずかしいことだと教わる。

　ガルを受けた直後は、少年たちは子どもでもない、大人でもない、どっちつかずの状態に入る。傷を癒すため小屋に隔離されているあいだは、元気になると通常なら許されていない他人の畑の農作物を自由に取ることができる。大人の規則も子どもの規則も、彼らにはつうじないのである。

　ここで興味深いのは、ガルを受けるときには、装飾品をすべて取って全裸になることである。ヌエルの男性がブレスレットなどの装飾品を取り除くのは、ほかには死んだときだけである。したがって、成人式で装飾品を取り除くの

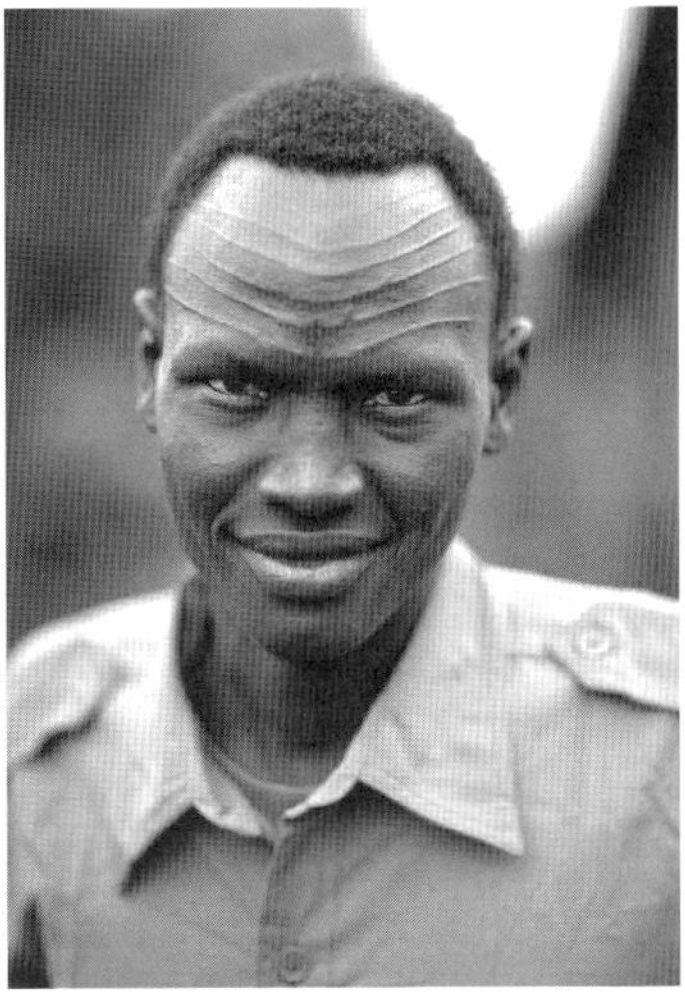

図 6-1　ヌエル人男性のガル [5]

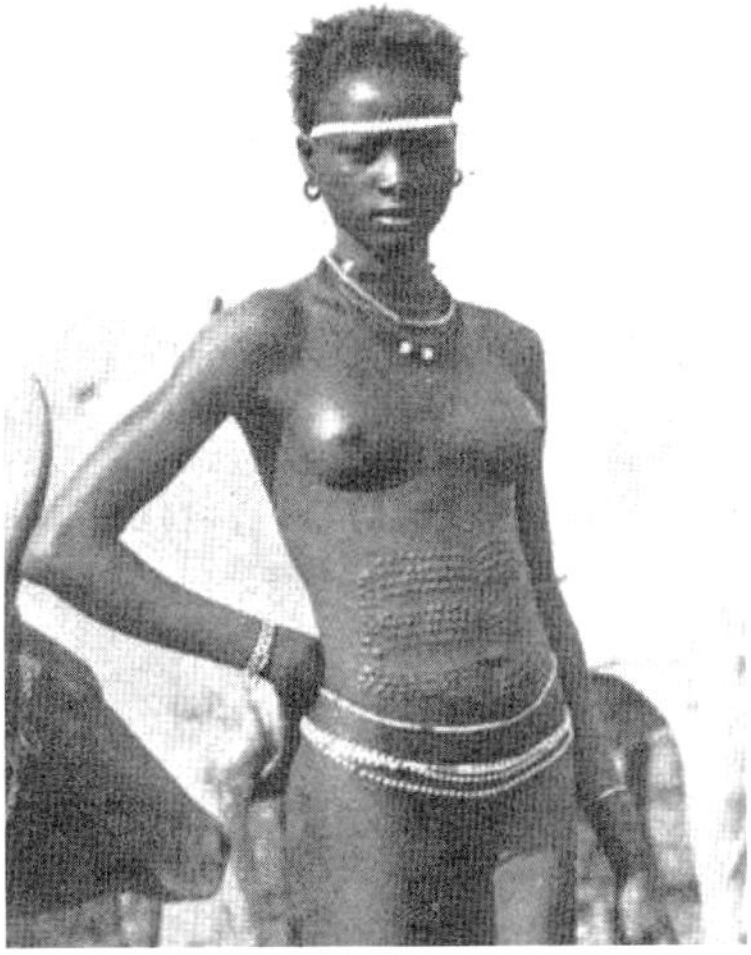

図 6-2　ヌエル人女性の瘢痕文身 [6]

は、死を意味していると解釈できる。

女性には、こうした成人式は存在しない。ただ、男性と同じく一度だけ装飾品をすべて取り除く機会がある。これが結婚式の初夜のときであるという事実を考慮すると、女性にとって成人式に匹敵するのは結婚であることがわかる。女性の身体加工は瘢痕文身（図６-２）が一般的だが、装飾的なもので、社会的な意味は弱い。

第四節　刻印身体へのまなざし

刻印身体は自己や自己が属する集団を表わす記号である。しかし、この記号は他者に晒されることで、さまざまな偏見や対立を生んできたのもたしかである。

日本では、温泉や公衆浴場など、複数の人間が肌を見せる公共の場所にいれずみをしている人が入るのを禁止する傾向が強い。いれずみと反社会的勢力とが結びついているため、一般の人に恐怖や不快感を喚起するのである。

［４］以下はエヴァンズ＝プリチャード（一九八五、一九九五、一九九七）、Beidelman（1968）を参考にした。

［５］http://deborahricewriter.com/wp-content/uploads/2016/02/NuerPolicemanflkr.jpg（最終確認日：二〇二一年九月一五日）

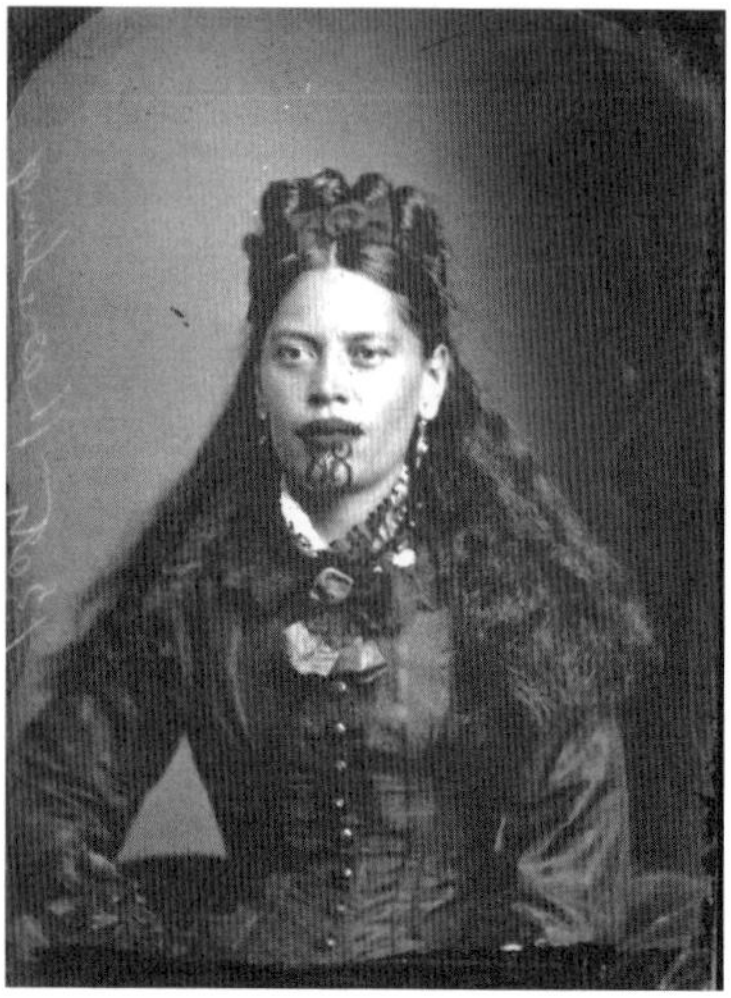

図6-3　マオリのモコ[8]

いれずみを含む身体加工は、一九世紀のヨーロッパでは犯罪だけでなく、より広い意味で野蛮や未開な風習とみなされていた。このため、当事者のなかには自分たちの地位を高めるために伝統的な身体加工を拒否するものも現れることになる。こうした動きの典型は、明治五年（一八七二年）の日本政府によるいれずみ刑や装飾のためのいれずみの禁止である。江戸時代においては美的かつ宗教的性格を帯びていたにもかかわらず、明治政府における「文明化」の政策のもといれずみは禁止され、特定の職能集団や犯罪者に結び付けられることになる。そして、いれずみの伝統を保持していたアイヌ、沖縄、台湾の先住民たちの刻印身体が、野蛮の記号となって賤別化される。[7]

日本のいれずみの場合は政府主導であったが、国際的に廃止が求められてきた身体加工に女子割礼（female circumcision, female genital mutilation）がある。これは、女体に甚大な被害が及ぶ、女性への暴力に他ならないという観点から廃止が求められてきた。近年では、男子割礼についても廃止の動きが出ている。しかし、身体加工は危険で、一見するとグロテスクに見えても、当事者にとっては社会理念や美の観念、衛生観念などと密接に結びついているため、これを廃絶するのは困難である。

ニュージーランドの少数民族マオリは、近年では同国のラグビー選手によるハカダンスで有名だが、時に全身を覆ういれずみ、モコでも知られている。アホウドリの骨などで造られた刃を木製の柄に取りつけた一種のノミを使って、顔、肩や腕、胸、首、背中、性器、足などに施される。[9] 男性の場合、顔全体におこなわれるモコ・カノヒと、腰から臀部、足の付け根にかかるプホロが重視されていた。女性の場合には唇の周りや顎に入れるモコ・カウアエが重要である（図6-3）。色は黒か濃い青である。モコのあるマオリは成人を意味する。また性的な魅力を高めるという。モコは、皮膚を掘って凹凸をつけるという点で、通常のいれずみと異なる。

モコは、ニュージーランドを訪れた一八-一九世紀のヨーロッパ人を魅了する一方で、宣教師らによって批判されてきた。一八四〇年に英国によって植民地化されると、モコは衰退していく。男性の顔におこなうモコ・カノヒは一八六五年を最後に、また女性の顎に行われるモコ・カウアエは一九五三年を最後に途絶えた。しかし、一九八〇年代になるとマオリの文化復興運動の一環として見直されることになる。他方で、マオリのあいだでは犯罪者集団や囚人仲間に結びついているタトゥーや、若者たちのあいだで盛んになっているタトゥーも認められる。

二〇一三年九月に、マオリ活動家の女性が、顔のいれずみ（モコ）を理由に温泉施設の利用をことわられたのは記憶に新しい。日本人のいれずみ＝反社会的勢力という考えが、マオリのモコにも適用されたわけだが、モコは民族の伝統であり、誇りである。近年日本社会では、若者たちのあいだで普及しつつあるファッションとしてのいれずみや外国人観光客が施しているいれずみ、すなわちタトゥーに限って入浴を認める動きがあるが、モコはタトゥーとも異なることに注意したい。

第五節　モダン・プリミティヴ　時空を越境する身体

刻印身体が集合的なアイデンティティを表す場合、身体加工の技術や意匠は文化的なものである。しかし、前述の

［6］http://anth229.pbworks.com/f/cattlegirl.jpg（一部拡大）（最終確認日：二〇二一年九月一五日）
［7］日本のいれずみの歴史については、桐生（二〇一九）、山本（二〇一六）、McLaren（2015）を参照。
［8］https://i.redd.it/vngjq0t3pm321.jpg（最終確認日：二〇二一年九月一五日）
［9］マオリのモコについては、秦（二〇一二）による。

マオリ女性の事例が示唆しているように、グローバル化する現代において刻印身体もまた移動し、文化的な境界を越境する。越境することで新たな意味を獲得する場合もあれば、今までにない葛藤が生じ結果的に越境が失敗に終わる場合もある。

ここで「越境」というのは、この文化的な境界を越えて記号表現が普及し受容されることを意味する。たとえば花のいれずみをした刻印身体が、A社会の領域を超えて外部へと移動する。すると、花のいれずみをした刻印身体はもはやA社会の成員ではないかもしれない。花のいれずみという記号は、元々あったA集団との関係から離脱したのである。それだけでない。一つの刻印身体に花とB集団の表徴である虫のいれずみが彫られているというハイブリッド（混淆的）な事態も生じる。

このような混淆的な刻印身体はどのような理由から生まれたのか。多くは個人の地理的な越境や意図的な選択の結果であろうと想定できる。それは、ファッション一般に認められる個人主義化の流れに対応していると思われるが、その背景にはグローバル化が進む現代においては、身体加工の集合的な強制力が弱まり、そのぶん私たちにはさまざまな選択がひらけたということを意味する。その結果、これまで考えられなかったような越境や侵犯が刻印身体にも生じている。

モダン・プリミティヴという言葉が注目を浴びたのは一九八九年に公刊された雑誌*Re/Search*においてである。[10] タトゥー、ピアッシング、瘢痕文身、焼灼という言葉が並んでいる。扉にはモダン・プリミティヴの創始者、ファキール・ムサファー（Fakir Musaffar, 一九三〇-二〇一八）が北米先住民の苛酷な儀礼として知られるサン・ダンス（sun dance）を実践したときの写真が載っている（図6-4）。彼の胸はするどい金属の爪でえぐられ宙吊りになっている。本書はムサフアーを含む二五名の人物から、性器ピアッシングやタトゥーなどの身体加工の体験を聞き出している。ここに提示されている刻印身体は、なんらかの集団を表わす記号ではない。それは、個人の個性を表現するために採用された手段である。個性的なファッションを求めるようにして、人びとは個性的な刻印身体を求めた。ただ

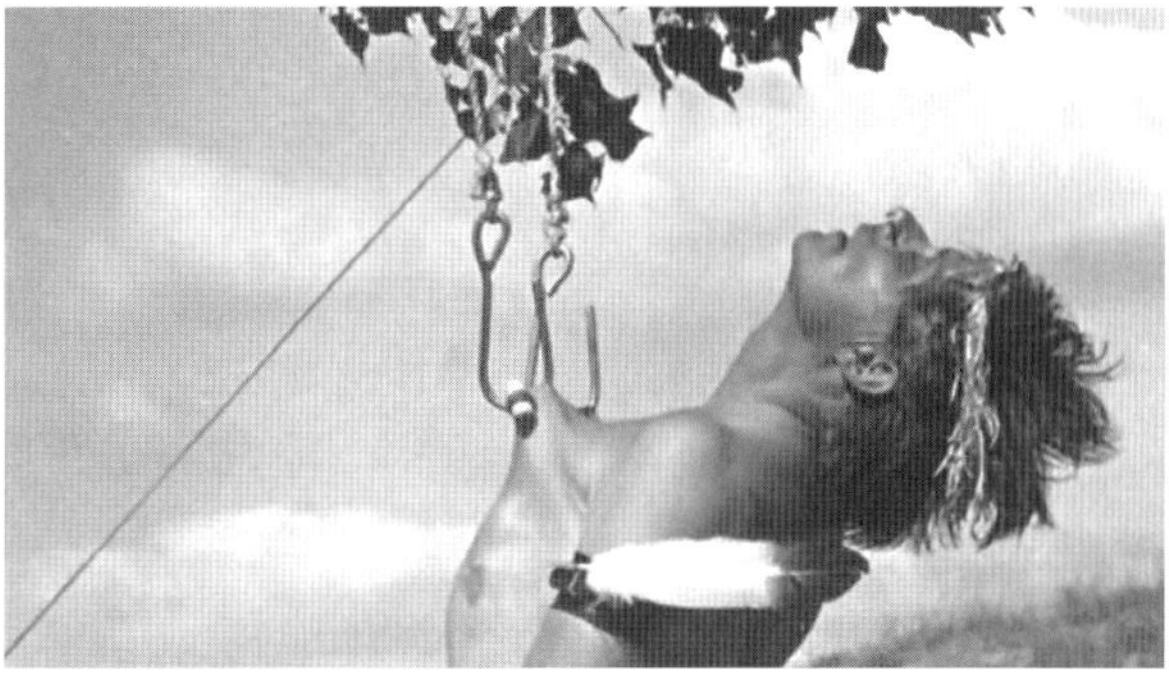

図6-4　ファキール・ムサファー　サン・ダンス[11]

し、ファッションとは大きな相違が存在する。それは、身体加工は簡単にもとに戻せないため、それなりの覚悟が必要だということである。また、それゆえにマゾヒスティックな衝動や自傷行為につうじる精神的な問題を想定して理解しようとする人がいても不思議ではない。

越境という観点から注目したいのは、こうした身体加工の動きをまとめてモダン・プリミティヴと呼んでいることである。すでに触れたように、身体加工は野蛮あるいは未開と結びつけて論じられてきた。モダン・プリミティヴとは、「現代に生きる未開人」と訳することができるが、そこには「野蛮な慣習」である身体加工の価値をもういちど見直し、実践しようという意図がこめられている。ここでプリミティヴは、スティグマ（烙印）からカリスマへと変貌したのである。

モダン・プリミティヴは、単に身体加工を蘇らせ、これを過激に実践しているだけではない。ムサファーは伝統的な慣習を自身で積極的に流用している。ビルマのいわゆる首長族（カヤン人）の風習、南インド起源のカーヴァディ（図6-5）、そして前述のサン・ダンスなどがその例である。ここで彼は、時空間において相

［10］モダン・プリミティヴについては、田中（二〇一八：一一四-一一五）と一部重複していることをことわっておく。

［11］https://bodiesinprocess.files.wordpress.com/2015/06/fakir-musafar-sun-dance-body-of-god-jouni_hokkanen.jpg?w=598&h=332（最終確認日：二〇二一年九月三〇日）

［12］https://i.pinimg.com/474x/50/17/83/501783c6823fdbfd2096f92829ff1b21--piercingprimitives.jpg（最終確認日：二〇二一年九月一五日）

［13］障害については、井上（二〇一九：九二-九六）を参照。

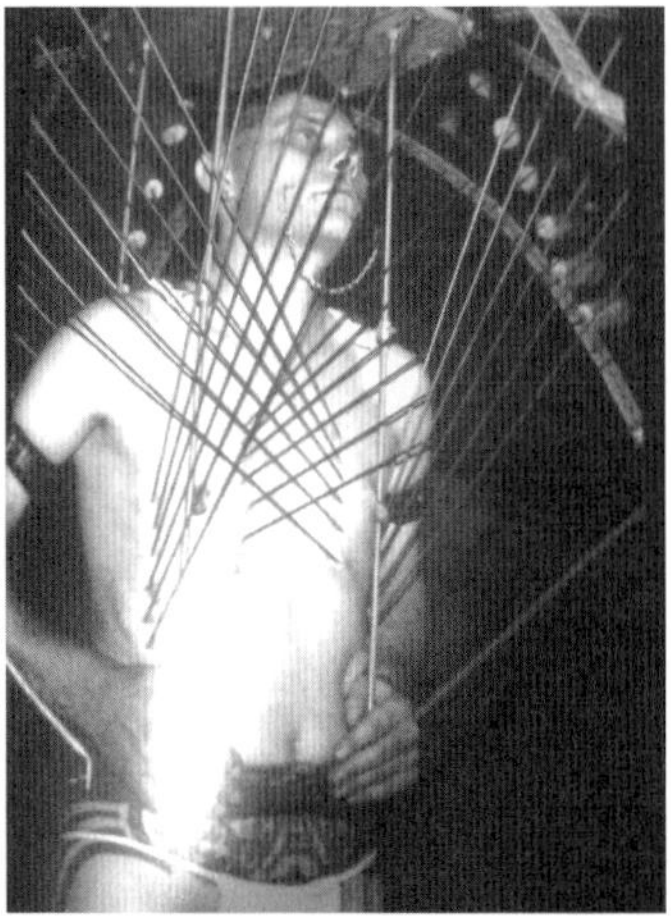

図6-5　ムサファー　カーヴァディ[12]

対立するモダンとプリミティヴという遠隔領域を越境する。

ムサファーは六‐七歳の時にカーニヴァルで会ったいれずみの男性に強く惹かれ、自分の体に瘢痕を刻み、穴をあけたいという欲望におそわれる。こうして彼の身体加工の遍歴がはじまるのだが、彼が惹かれていたのは、『ナショナル・ジオグラフィック』誌が紹介する異文化の風習であった。

ムサファーにとって、モダン・プリミティヴという言葉は、原初の衝動に応えて肉体に何か手を加える人を意味する。身体加工や異文化の暴力的な儀礼は、この原初の衝動を呼びおこし、その要求を満たすものなのである。ムサファーは、こうした儀礼が現代社会の閉塞状態、大衆の疎外を克服できると感じている。ヴァーチャルな空間が拡大し「身体感覚が喪失」しつつある現代において、モダン・プリミティヴにみる過激な身体加工は「身体のリアル」を取り戻すための重要な実践なのである。

第六節　異形の身体へ

本章は、身体加工が施された記号としての身体を刻印身体と名づけ、グローバル化の時代に生じる葛藤や創造的な可能性を論じた。刻印身体は、自己を表す記号であるという点でファッションと連続している。しかし、刻印身体自体、ファッションでは到達できないような衝撃、どちらかというとグロテスクな身体の衝撃を見る人に与える。

モダン・プリミティヴのような刻印身体とその実践は、私たちと世界との関係を揺さぶる。それは、異化する身体である。異化する刻印身体の周辺には、たとえば、背骨が曲がっている老人の縮小する身体、長時間の虐待や拷問で変形した身体、火傷痕が残る身体、自虐や自傷にさらされて「傷だらけの身体」、かつてフリークスと呼ばれてきた奇形あるいは障害のある身体などが想定できる。[13] これらの「異形の身体」にファッション・スタディーズはどのように向き合うことができるのか。矯正や治療、美化、隠蔽、正常化とは異なる可能性を探ることもまたこれからのファッションにおいて重要な課題であろう。

◉引用・参考文献

井上雅人（二〇一九）『ファッションの哲学』ミネルヴァ書房

エヴァンズ＝プリチャード、E・E／長島信弘・向井元子［訳］（一九八五）『ヌアー族の親族と結婚』岩波書店

エヴァンズ＝プリチャード、E・E／向井元子［訳］（一九九五）『ヌアー族の宗教』平凡社

エヴァンズ＝プリチャード、E・E／向井元子［訳］（一九九七）『ヌアー族――ナイル系一民族の生業形態と政治制度の調査記録』平凡社

桐生眞輔（二〇一九）『文身《いれずみ》デザインされた聖のかたち――表象の身体と表現の歴史』ミネルヴァ書房

田中雅一（二〇一八）『誘惑する文化人類学――コンタクト・ゾーンの世界へ』世界思想社

谷本奈穂（二〇一七）「外見と自分らしさ――何のため／誰のために外見を整えるのか」藤田結子・成実弘至・辻　泉［編］『ファッションで社会学する』有斐閣、九二－一一〇頁

秦　玲子（二〇一二）「コンタクト・ゾーンにおける実践――ニュージーランド・マオリのタトゥー「モコ」と世界の「Tattoo」」『コンタクト・ゾーン』五、一〇八－一一三

山本芳美（二〇一六）『イレズミと日本人』平凡社

吉岡郁夫（一九八九）『身体の文化人類学――身体変工と食人』雄山閣出版

Beidelman, T. O. (1968). Some Nuer notions of nakedness, nudity, and sexuality. *Africa: Journal of the International African Institute*, 38(2), 113–131.

McLaren, H. (2015). *Needling between Social Skin and Lived Experience: An Ethnographic Study of Tattooing in Downtown Tokyo*. Ph.D. Thesis submitted to Hitotsubashi University.

第六章　解　題

本章は、身体加工が施された記号としての身体を刻印身体と名づけ、東アフリカ・ヌエル人の伝統的な身体加工、刻印身体へのまなざし、その越境、「モダン・プリミティヴ」を事例にグローバル化の時代に生じる葛藤や偏見、対立、また、創造的な可能性を論じている。刻印身体は、自己を表す記号であると同時に、どちらかというとグロテスクな身体の衝撃を見る人に与え、私たちと世界との関係を揺さぶる。それは、異化する身体であることを提示しているとともに、刻印身体もファッション・スタディーズの研究領域を拡張するような課題を示唆しているのである。

問　い

グローバル化が進む現代、いれずみなどの身体加工が施された刻印身体にはどのような意味があるのだろうか。刻印身体が集合的なアイデンティティを表す場合、身体加工の技術や意匠は文化的なものである。しかし、グローバル化する現代において刻印身体もまた移動し、文化的な境界を越境する。越境することで新たな意味を獲得する場合もあれば、今までにない葛藤が生じ結果的に越境が失敗に終わる場合もある。ここで注意しなければならないのは、越境に際し刻印身体がしばしば「野蛮」、「反社会的」といった否定的なレッテルを貼られていることである。鷲田清一は、『ひとはなぜ服を着るのか』（一九九八年、日本放送出版協会）でさまざまな身体加工に触れているが、それが越境の文脈で否定的な意味を帯びることに触れていない。本章では、そうした意味合いがあるにもかかわらず、刻印身体を実践することの創造性を探究している。

経　緯

モダン・プリミティヴという概念は、ファキール・ムサファーというアメリカ人によって生まれた。これが注目を浴びたのは一九八九年に公刊された雑誌 *Re/Search* においてである。そこでムサファーは、非欧米社会に見られるさまざまな身体加工や暴力的な儀礼を実践している。もともと私は、女子割礼や火渡りなどの暴力的な儀礼に関心があった。そしてそれらが植民地支配下のもと、どのような形で批判され、廃止されていったのかについて研究してきた。そうした暴力的儀礼の一つに鉤吊り（hook swinging）がある。これは鉄鉤のついたロープを直接背中に刺して宙吊りにし、寺院を参拝するという一種の苦行である。同じ実践がエジンバラ・フェスティヴァル・フリンジでも実施されていたのに気づき、その後ファキール・ムサファーにたどり着いた。

方　法

ムサファーが書いたもの、彼やモダン・プリミティヴについて書かれたものを読み、またピアッシングの実践などに興味を抱くことになった。さらに通文化的な視点から、身体加工について研究するとともに、ファッションとの関係についての考察を深めた。本章を書くにあたって原点となった鉤吊りは、伝統的にはスリランカで、またそのモダンな形はエジンバラで知ることになったわけだが、類似の実践に緊縛がある。緊縛あるいは縛りは、緊縛師がモデルを縛り、さらに吊るしたりする実践で、性的な意味合いが強い。ショー化されている場合、モデルのほとんどは女性で、半裸状態で吊るされる。こうした性的な実践との関係も本章を書くうえで重要であった。

第七章 ファッションが世界をつくりなおすとき

ヒップホップやストリート文化にみる衣服と身体所作

中村 寛

第一節 はじめに――ヒップホップ・ファッションのイメージ

二〇二一年現在、「ヒップホップ・ファッション」と聞いて、日本語圏にいる人はどのような服装を思い浮かべるだろうか。すでにヒップホップに造詣の深い人であれば別だが、そうでない人は、バギースタイルのパンツ、フードつきのオーバーサイズのパーカーやトレーナーなどを思い浮かべるかもしれない。昨今のニュースをフォローしている人であれば、カニエ・ウェストのようなハイ・ファッションが取り入れられたスタイルを思い浮かべるかもしれないし、ケンドリック・ラマーのようなファッションを思い浮かべるかもしれない。[1] これらはいずれも、広く流通した、典型的なヒップホップ・ファッションのイメージの一部だといえる。

ヒップホップ・ファッションは、しかし、常にこのような服装だったわけではない。ヒップホップは一九七〇年代

［1］たとえば、Wu-Tang Clan のつぎのような写真を参照〈https://www.fuse.tv/galleries/2013/05/hip-hop-fashion-evolution-photo-gallery#16（最終確認日：二〇二一年九月三〇日）〉。

後半頃、サウス・ブロンクスやその周辺で生まれたとされているが、マーサ・クーパーによる当時の貴重な記録写真をみると、服のスタイルは現在と比べてかなり細身のものだったことがわかる（Cooper 2004）。[2] 四〇年あまりのあいだに、ヒップホップ・ファッションも大きく変化したのだ。

とはいえ、ヒップホップ・ファッションの歴史を紐解くことが本章の目的ではない。そうではなくファッションを、ヒップホップ・カルチャーとよばれる事象のいくつかの要素との関係でとらえ、そのパフォーマティヴな側面を検討することが目的である。というのも、ヒップホップ文化がアメリカで周縁化されてきた人種・民族、そして社会階層――とりわけアフリカ系アメリカ人やラティーノ――の政治的位置取りと密接に関連することを考えると、かれらのファッションは、それが何であるか以上に、それが何をなしているのか、あるいは何をなそうとしているのかを検討することの方が重要に思えるからだ。

いくつもの歴史的経路をたどってローカルに生成したヒップホップは、四〇年以上の時を経て、全米に、そして全世界に広まり、ひとつの文化表現のジャンルとして認知されるなかで、巨大なマーケットをつくりだし、商業化された。そのような流れのなかで現在のヒップホップ・ファッションをみると、その他の商業的ファッションと何ら変わらない部分が目につく。ひどく資本主義的で、露骨なまでに拝金主義的で、世界中の貧困層を含めた消費者を対象に、アメリカ資本が文化表現をつうじた外交戦略を展開しているようにみえる。ハリウッドの映画産業のように、あるいは冷戦期のアートや思想表現のように。[3] そうした冷徹な分析もたしかに求められるだろうが、本章ではヒップホップのルーツに眼を向けることで、異なる観点からファッションに光をあててみたい。

第二節　ヒップホップの要素

ライミング（ラップ）、ディージェイング（ＤＪ）、ブレイキング（ブレイクダンス）、ライティング（グラフィティ）

——ヒップホップは一般的に、これらの四つの要素により成り立つとされている（Williams & Kornblum 1994）。これら四つの要素のなかで、ファッションはどのように位置づけられるだろうか。のちに戻ってきて検討するが、ここではファッションがヒップホップの四要素のすべてに関係し、すべてを覆っているという点だけ確認しておきたい。

たとえば、先述したマーサ・クーパーによる初期のヒップホップ文化の様子をとらえた貴重な写真集を見てみよう。[4] ここには、靴ひもが入れ替えられてアレンジされていたり（たとえば、Cooper 2004: 212-213）、帽子を取り入れることで全体のバランスを工夫していたりと、ファッションのなかに多くのカスタマイズ性や即興性を認めることができる。ヒップホップがこの当時、おもに貧困層の暮らすコミュニティで広まっていったことを考えると、それらのファッションが、クロード・レヴィ＝ストロースがかつて「ブリコラージュ」と表現したような、ありあわせの素材を使って発揮された創造性だということが具体的な記録からわかる。[5]

クーパーの写真集そのものは、ファッションをテーマに編まれているわけではない。だが、ラッパーやＤＪ、ダン

---

〔2〕初期ヒップホップ文化の様相に関心のある人は、ぜひマーサー・クーパーの写真集を見てほしい。クーパーの写真のうち幾つかは、ウェブ上でも見ることができる。たとえば、つぎのサイトを参照〈http://www.stevenkasher.com/artists/martha-cooper?view=slider#8（最終確認日：二〇二一年九月一五日）〉。

〔3〕国際関係の覇権争いの内に文化表現を位置づける研究は複数ある。たとえば、冷戦下における外交戦略と文化表現との関係については、Saunders（1999）を参照。あるいは、ヨーロッパと非ヨーロッパの圧倒的な力の不均衡を前提に、さまざまなジャンルの表象の偏りを分析したエドワード・サイードの研究は、ファッションの分析においてもきわめて有効な視座を提供するものと思われる（サイード 一九九三）。

〔4〕初期のヒップホップ文化の様相を視覚的にとらえたものとしては、クーパーの写真集に加え、チャーリー・エーハン監督による『ワイルド・スタイル Wild Style』（Ahearn 1982）、トニー・シルヴァー監督による『スタイル・ウォーズ Style Wars』（Silver 1983）などの映画がある。

〔5〕レヴィ＝ストロース（一九七六）。とりわけ第一章「具体の科学」を参照。

サー、グラフィティ・ライターの姿がうつりこんでいる写真を見ていくと、服装のスタイルがかれらの表現において重要な位置を占めていることに気がつく。そしてそこでは、個々のプレイヤーが互いに際立つスタイルを見せつつも、同時にストリートにおいて一つの集合的指標となるために、同一のカテゴリーに調和していることが求められているようにみえる。換言すると、「ヒップホップ文化」という同一圏内においては個々のプレイヤーが差異化され際立つと同時に、制度としてのより大きなアメリカ文化内においては、並存するいくつもの表現形態から際立つことが要求されているようにみえるのだ。

また、ファッションを単に服装だけに限定せずに考えると、さきに述べたヒップホップの四要素すべてが、そのパフォーマンスを通してそれぞれに絡み合いつつ、ファッションそのもののあり方について、何事かを語っているようにもみえる。舞台上でのパフォーマンスが衣装と切っても切れない関係にあるのと同様、ストリートから生まれたラップや、ＤＪ、ダンスもまた、かれらが身にまとう独特のファッションと切り離すことはできない[6]。ヒップホップにおいては、表現された内容だけでなく、それがどのような文脈で、誰に向かって、どのように表現されるか——どのような身体で、どのような衣服をまとい、どのような仕草と所作で、どのような声のトーンで——が問われているように思えるのだ。

だがこのことは、ヒップホップ文化の体現者にとって、ファッションが単なる「見てくれ」や「スタイル」の問題——日本語の「ファッション」という言葉にはどうしてもそのようなイメージがつきまとう——に回収されるということを意味しない。ヒップホップは、かれらの生き方（ways of life）であり、世界でのあり方（ways of being in the world）に根差しているからだ。かれらの文脈でのファッションやスタイルは、それ自体がメッセージを発する何かであり、真剣に取り上げられる必要がある。したがって、「見てくれ」や「スタイル」の背後にあるものに眼を向け、ファッションのパフォーマティヴ（行為遂行的）な側面をとらえてみたい[7]。

ここでとくに取り上げたいと思っているパフォーマティヴな側面とは、ヒップホップにおける闘争的側面である。

これには歴史的系譜があり、ヒップホップだけに認められるものではないようだ。たとえば、閉店後のジャズクラブでのジャムセッションや、ダズンズ（dozens）やサウンディング（sounding）などとよばれる罵りあいのゲームなどにも、闘争的側面がみられる。

第三節　闘争の文化

そのような歴史的系譜を念頭に、あらためてヒップホップの四要素をみると、実はそのすべてが闘争的にみえる一連の実践から成立していることに気がつく。ヒップホップが商業化されてしまっている現在ではそのことがみえにくくなっているかもしれない。だが、ヒップホップ成立の歴史的背景をみても、純粋にエンターテインメントのためにというより、現実の諍いや紛争に代えて各々の表現が競われていたり、自分たちのおかれた抑圧状態を描き、それに抗うために表現がなされたりしていたことがわかる。ヒップホップを理解するうえで、このような生成のコンテクストは見逃すことができない。ここではそれを、「闘争の文化（culture of battling）」とよんでみたい。

そうした闘争の文化とは、具体的にどのようなものなのか。その一端を直接的に描いているライムを取り上げてみよう。一九八五から八八年にかけての時期に結成されたア・トライブ・コールド・クエスト（A Tribe Called Quest）

［6］舞台衣装という仕事について、またそれに連なる生活上の衣服のあり方については、加納豊美との対話から多くの示唆を受けた。文献としては以下のものを参照（加納 二〇〇四、二〇一七、二〇一八）。

［7］固定化してとらえるがゆえに、様式にばかり焦点を当てて分析しがちな現象を、動きのある文脈のうちに生成する動的かつ行為遂行的事象としてとらえなおそうとする姿勢は、J・L・オースティンの研究から影響を受けた（Austin 1962）。オースティンは、ある言辞の真偽をめぐって記述的側面ばかりに焦点を当てることを批判し、言語の行為遂行的側面を取り上げている。

による「フォニー・ラッパーズ（Phony Rappers）」という曲である（アルバム *Beats, Rhymes, and Life*（1996）所収）。それはつぎのようなリフレインからはじまる。

Phony rappers who do not write
Phony rappers who do not excite
Phony rappers, check it out, aight
ライムを書きもしないインチキ・ラッパーたち
人を奮い立たせることもないインチキ・ラッパーたち
インチキ・ラッパーたち、聞けよ[8]

「phony」とは、「偽物」とか「まがい物」「インチキ」といった意味で、そういう「偽物ラッパーたち」を非難するところからこのライムははじまっている。そして、メンバーのひとり、Qティップはつぎのように語る。

Yo, I was riding the train
And this Puerto Rican kid said simple and plain
"Let's battle"
地下鉄乗ってたら
プエルトリカンの奴がきてガチで言いやがった
バトルしようぜってな

Qティップは、もう一人のメンバー、ファイフ・ドーグ（Phife Dawg）とともに、ニューヨークでのかれらの日常を描いていく。だが、ここでQティップが地下鉄でプエルトリカンの男に言われたという、「バトルしようぜ」というフレーズに注目してみたい。これは、そもそもどういう意味なのだろうか。物理的な喧嘩だと咄嗟に思った人もいるかもしれないが、歌詞の続きを聞くとそうではないことがわかる。彼の語りにさらに耳を傾けてみよう。

It kinda took me by surprise
’cause the brother was moving wit his eyes on the prize
I said ’screw it,’ I ain’t got nuttin to lose, but um
But I got to do this shit real quick, so um
俺はちょっとばかり驚いたね
そいつ、やる気満々で勝つ気でいたからね
俺は「どうでもいい」って思った、失うものもねえし
けど、はやく終えちまいたかった、だから言ったんだ

Hurry up kid, bust your joints and then I’ll bust mine
And I be out ’cause I got to see this hottie, he said ’ok’
’Now check it, check it out, blah, blah, blah, blah,’ that’s what he said

［8］歌詞の英語部分は、複数の歌詞検索サイトを参照した。https://www.lyricfind.com/、https://genius.com/、https://www.azlyrics.com/、https://www.lyrics.com/など。日本語訳は、筆者による試訳。以下も同様。

Then I came back and just fucked up his head
じゃあ、はやく、おまえがまずやれ、そしたら俺もやる
それで俺は終わったらカワイイ娘に会いにいかなきゃならねえからって言ったら、奴は「わかった」って言ってた
「おい、聞けよ、ほにゃららほにゃらら」って奴はそう言ったんだ
それで俺はそいつをぶちのめしてやった

「bust your joints and then I'll bust mine」という言い回しが出てくるが、これは「おまえのライムを聞かせてみろ、そしたら俺も自分のライムを聞かせてやるから」といった意味である。つまり、ライミングの実力を互いに見せ合おうという話をしているのだ。したがってここでの「バトル」とは、言葉での闘争ということになる。

このような実際の殴り合いや殺し合いに至らない、「儀礼的」ともいえそうな闘争の文化があらわれるのは、ラップだけに限ったことではない。ヒップホップの他の要素、ブレイキングやＤＪ、グラフィティにもみられる。ブレイキングは、身体表現であるダンスをつうじた競い合いだし、ＤＪバトルもその技をめぐる争いである。グラフィティもまた、タグネームをともなう闘争に関して暗黙のルールがある。

これについては、社会学者のテリー・ウィリアムズとウィリアム・コーンブルムによる都市の貧困層や若者文化に関する研究が、有効な参照軸を提供してくれるように思う（Williams & Kornblum 1994）。若者たちの生々しい語りを記録したこのエスノグラフィのなかで、ラップに関する議論に興じる若者たちに向け、ウィリアムズがラップ音楽やヒップホップのルーツに言及する箇所が登場する（とくに第四章参照）。

こんにちではすでに広く認められつつあるように、ヒップホップのルーツの一つは、さきに述べたダズンズやサウンディングなどとよばれる、言葉での罵り合いの伝統にある。そうした罵り合いは、部外者（伝統の外にいる者）にとっては「暴力的」にみえるかもしれないし、良くも悪くも「刺激の強い」表現にうつるだろう。だが、こうした

儀礼的な侮辱が、実際にはストリートでの物理的暴力を止める役割を果たしたとウィリアムズたちは指摘する。とくにウィリアムズが言及するのは、ヒップホップ運動の火付け役の一人であったアフリカ・バンバータ（Afrika Bambaataa）がこの文化表現を広めながら、地域のギャング間に和解をもたらしていった点である。

もちろん、生まれたばかりのヒップホップが暴力を抑止する役割を担っていたことをあげて、その効果を全面的に理想化するわけにはいかない。ドラッグ・ビジネスと密接に関係したギャング間の抗争を背景にのちに商業化されていくラップが、地域を超えて流通し、巨額の富を生むにつれ、東海岸と西海岸の抗争に発展したことも事実である。また、ラップ表現のなかに散見されるミソジニーや性差別、ホモフォビアの問題も、それに向き合うラッパーが増えたとはいえ、今なお指摘され続けている。しかし、制度的人種差別や法の執行機関である警察による残虐行為（police brutality）など、いわば権力に結びついた暴力（Gewalt）と、とりわけ一九七〇‐八〇年代にかけての地域コミュニティ内の相互暴力（intra-community violence）とを背景に生まれたヒップホップは、表現をつうじた闘争をおこないながら、実際には物理的暴力をともなう紛争、とりわけギャング同士の抗争を止めるために呼びかけられたムーヴメントだったという点は、何度強調してもし過ぎることはない[9]。

しかし、テリー・ウィリアムズらはさらに、ラップのもう一つのルーツを紹介し、示唆に富む指摘をおこなっている。それはトースト（toast）とよばれる「刑務所詩（prison poetry）」の伝統である。刑務所詩とは、投獄され、いつ刑務所の外で生活できるようになるかもわからない者が、唯一最後のよりどころとして頼ることのできる語りの能力

［9］パレスチナの若者たちのヒップホップ・ムーヴメントを描いたドキュメンタリー映画『自由と壁とヒップホップ』もまた、ヒップホップが苛烈な抑圧のなかにいる若者たちの物理的暴力に向かう傾向を減じる手段として機能する様子をとらえている（サッローム 二〇〇八）。また、ヴァルター・ベンヤミンやハンナ・アーレント、エドワード・サイードなどの思想を経由しつつ、「暴力」という言葉のうちに潜む少なくとも二つのベクトル、傾向性、背景（権力のように統制する力とそれをかき乱す力）に注目し、ガンジーやキング牧師、マルコムXの思想と運動を読み解こうとする酒井隆史の探求が示唆に富む（酒井 二〇〇四）。

を用いて、かれらの想念や夢などを表現する即興詩である。[10] ウィリアムズが述べるように、そうした詩の多くは、他人につけいる隙をみせない、マスキュリンでタフな男性を主人公にしている。語りの生成する文脈を見過ごせば、それらの人物は野卑で、粗暴で、性差別的にみえるだろう。だが、こうした人物像が詩のなかにしか存在しないことにいまいちど留意する必要があるという。それは、刑務所やそれと関連する抑圧的制度（奴隷制や制度的差別、制度的貧困など）のなかに捕えられた男たちの、社会的に否定された欲望や夢やあそびの反映である。ということは、それは同時に、より大きな社会制度がその内側につくりだした欲望や夢やあそびの表象（representation）でもあるのだ。そしてまた、刑務所詩においては、そのような空想上の人物たちですら、最後には、大きな社会制度や文化の力には勝つことができないことも表現されている（Williams & Kornblum 1994 第四章参照）。

ここには、暴力やその残虐性を認識する際の偏りの問題がよくあらわれている。暴力は、権力と結びついたり反目したりすることで、不均衡に配分される。国家やそのほかの制度的機構、主流文化に埋め込まれた暴力は、気づかれにくいうえに、正当化されやすく、無徴《むちょう》のままであることが多い。それに対し、すでに周縁化されているストリート文化圏の表現や対立は、徴《しるし》をつけられやすく、「暴力的」と認識され、「問題」として指摘されやすい。したがって、インナーシティのギャング抗争に関する語りや、そのような物語を含むラップ音楽は、ひどく残酷で暴力的であるように受け止められる。他方で、「暴力的」と判定された文化を体現する身体を刑務所に大量収監すること、教育や矯正をつうじてしかるべき振る舞いや趣味に同化を求めること、競争のためのスタンダードや価値基準を設けること、何が野卑で残虐で暴力的かを定義すること——そうした暴力は、気づかれることが少ない。[11]

第四節　ファッションで何事かをなすこと

以上のように検討してみると、闘争性を内包したヒップホップ文化は、表面上の言語的なメッセージとは異なる次元で、何か別のことをなそうとしているようにみえる。だが、ファッションについてはどうか。ファッションがヒップホップのすべての要素に関わるのだとしたら、ヒップホップ文化を生きる身体が身にまとう衣服とそれをともなう振る舞い、仕草、所作は、何をなしているのだろうか。

この問いを考えるために、ストリートのアフリカ系アメリカ人を中心に展開された社会・宗教運動組織、ネイション・オブ・イスラーム（以下、ネイション）の実践を検討してみたい。ネイションとは、一九三〇年代のデトロイトのアフリカ系アメリカ人コミュニティにおいてはじまり、一九五〇-六〇年代にイライジャ・ムハンマドの指導のもと、マルコムXやモハメッド・アリら著名人の活躍もあって大きく成長した運動体である。[12] ヒップホップの展開を語るうえで、黒人コミュニティにおけるイスラームの受容は不可欠なテーマだが、ネイションはその独特の服装や立ち居振る舞いのあり方でも注目を集めており、ヒップホップ・ファッションをみる際の有益な参照軸を提供してくれる。

またネイションは、一九五〇-六〇年代だけでなく八〇-九〇年代にかけても、ルイス・ファラカーンという新たなリーダーのもと、都市の若者のあいだで新たに脚光をあび、プレゼンスをもった。スパイク・リー監督による八九年公開の映画『ドゥ・ザ・ライト・シング』では、ファラカーンの名前が「黒人たちの新しいリーダー」として登場するし、九二年公開の『マルコムX』は、ネイションの存在が再び注目を集めるのに寄与したといっていい（リー一九八九、一九九二）。九五年にはネイションが主催者となって「百万人の男性行進」が行われ、九六年にはその行進をテー

[10] これらの即興詩は、たとえばウィリアムズらも参照している民俗学者ブルース・ジャクソンの著書で読むことができる（Jackson 2004）。

[11] こうした暴力の認識をめぐる問題については、Asad（2003）やPandey（2006）に示唆を受けた。とりわけ、Pandeyが冒頭で著すリストは、暴力／非暴力、残虐／非残虐の判定にともなう、人びとの無意識の前提を明るみにだしてくれる（pp.2-3参照）。

[12] のちに、マルコムもアリもネイションを離脱し、スンニ派のムスリムとなる。ネイションの歴史的展開については、Lincoln（1994）、Gardell（1996）、中村（二〇一五、二〇一九）を参照。

マに映画『ゲット・オン・ザ・バス』が制作されている（リー 一九九六）。

このような流れのなか、ヒップホップ・アーティストの幾人かがファラカーンのもとでのネイションの活動に賛辞を送ってきた。たとえば、パブリック・エナミーの注13にあげたリンク先の写真を見てほしい[13]。メンバーの幾人かがネイションの制服に似たスタイルの制服を身に着けていることがわかる。星と月のロゴマークは、あきらかにイスラームを意識したもので、ネイションの制服と比べてみるとその類似は一目瞭然である[14]。また、マルコムの影響で生まれたブラック・パンサー党の象徴であるベレー帽をかぶっていることもわかる[15]。

ネイションについて特筆すべきは、この組織が、身に着ける服装から挨拶の仕方、互いの名前の呼び方、礼拝の仕方まで、あらゆる日常的実践の変化をメンバーに求めたことである[16]。たとえば服装についてみると、ネイションは厳しい服装規定をもっており、メンバーに上品な身だしなみを呼びかけた。男性メンバーは、フルーツ・オブ・イスラームと呼ばれる、ネイション内の軍隊・警察的組織の制服か、スーツとネクタイを着用し、髭をそり、髪を短く刈ることが求められる。女性メンバーは、単色のドレスとヒジャブ（スカーフ）の着用が求められる。

多くのメンバーがストリート出身であったり、元受刑者であったりすることを考えると、そのような外見上の変化は、かれらのアイデンティティだけでなく、生きる世界をつくりかえる機能を果たしたことが想像できる。刑務所や軍隊、学校や会社などの制服も、それを求め支える全制施設（total institution）の作用とあいまって、身に着ける者のアイデンティティをつくりかえ、新たな世界での新たな役割を付与する機能を果たす[17]。それと同様、ネイションに所属したムスリムたちもまた、新たな制服を身に着けることで新たなアイデンティティと役割を担うのだ。

さらに、このネイション独特の服装は組織メンバーを超えて、コミュニティ内でも視覚的標識となっていた。作家クロード・ブラウンは、わずかにフィクション化された彼の自伝『約束された地の少年（*Manchild in the Promised Land*）』（邦訳『ハーレムに生まれ育って』）のなかで、一九五〇-六〇年代のハーレムのストリートを描写し、ネイションのメンバーとの最初の出会いを記録している。

> 俺が初めてブラック・ムスリム〔訳注：ネイション・オブ・イスラームのメンバーのこと〕について耳にしたのは一九五五年のことだった。かれらは夜になると一二五丁目ストリートとセヴンス・アヴェニューの交差点で演説をはじめてた。そこはちょうどハーレムの演説家たちが集まってくる場所だった。みんなそこに来ては演説していった。政治家とかそういった連中もだ。ハーレムの住人に訴えたいことがある奴は、一二五丁目ストリートとセヴンス・アヴェニューの角のあき箱の上に立って話したんだ。
>
> （Brown 1965: 316、訳は中村による）

マルコムXが刑務所を出てハーレムのテンプル（当時のネイションはモスクのことをテンプルと呼んでいた）に配属されたのが一九五四年のことだから、ブラウンの描写は実際の風景と重なるところが大きい。ブラウンによれば、「ブラック・ムスリムたち」はスーツを着てストリートに出ていたが、言葉遣いがストリートのそれに近かったようだ。

---

[13] 写真は以下のサイト参照〈https://thesource.com/2020/04/01/public-enemy-publicity-stunt/（最終確認日：二〇二一年九月三〇日）〉。

[14] 写真はたとえば以下のサイトを参照〈https://www.gettyimages.co.jp/写真/nation-of-islam-uniform?license=rm&mediatype=photography&phrase=nation%20of%20islam%20uniform&sort=best（最終確認日：二〇二一年九月一五日）〉。

[15] たとえば以下のサイトを参照〈https://www.gettyimages.co.jp/detail/ニュース写真/view-along-a-line-of-black-panther-party-members-as-they-ニュース写真/1279675749?adppopup=true（最終確認日：二〇二一年九月一五日）〉。

[16] ネイション・オブ・イスラームの服装規定や立ち居振る舞いのルールがもつ意味については、すでに別稿で論じたことがある（中村 二〇一五、二〇一七）。

[17] こうした考え方は、人類学者ヴィクター・ターナーや、社会学者アーヴィング・ゴフマンらの研究成果に示唆を受けている。たとえば、以下の文献参照。Turner（1967, 1997）、ゴッフマン（一九七四、二〇一二）。

ブラウンの記述をもう少しみてみよう。

> ブラック・ムスリムの運動は、他の組織と比べても、ハーレムの住人に近い存在だった。ＮＡＡＣＰやアーバン・リーグ〔訳注：いずれも代表的な公民権運動組織〕なんかより、ずっと近い存在だった。ブラック・ムスリムたちは、ストリートでみんなと一緒にいたんだ。かれらはスーツを着てたけど、その話し方は、ストリートにいる平均的な黒人たちが不快に思わないようなものだった。言葉遣いがストリートの連中と同じだった。それで、みんなかれらと仲間意識をもつことができたし、実際に知ってる奴が混じってることもあった。
>
> （Brown 1965: 322、訳は中村による）

この引用からは複数のことが読みとれる。第一に、一九五五年のハーレムでは、他にも幾つもの組織が政治的メッセージを発し、社会問題に取り組み、宗教的教義を唱えていたということ。第二に、そのような状況下で特定のメッセージが独自性を示すためには、ある種の戦略が必要だったということ。幾つもある組織体・運動体がせめぎ合うなかでは、認知され、支持され、生き延びる戦略がなければいけない。そして第三に、ブラウンの描写によれば、ネイションにとってその生き延びるための戦略の一つが、独特の身なりであり、話し方だったということである[18]。

ネイションの服装スタイルだけに注目すると、興味深いことにそれは、アメリカのミドルクラスの文化コードに合致しているようにみえる。つまりそれは、当時のハーレムのストリートに多く見られた肉体労働者や失業者といった身体というより、ホワイトカラーの生産主体になるよう訓練された身体の特徴に結びつく。

では、ネイションによって要求されていた身体的所作はどうだろうか。同様にミドルクラスの、あるいはホワイトカラーのそれが要求されていただろうか。振る舞いの次元においては、服装や容姿と異なり、ミドルクラスのマナーとストリート文化のそれとが、微妙にまじりあっているようにみえる。姿勢の正しさや勤勉さ、罵り言葉なしの「適切な」言語の使用が要求される一方、ネイションのリーダーたちの語りは闘争的で、ダズンズやサウンディングにみられるストリート文化の伝統につながりをもっているようである。たとえば、ネイションのメンバーだった頃のマルコムXのスピーチをみると、その闘争性はあきらかで、同時代の公民権運動のリーダーとして有名だったキング牧師とも好対照をなす。このことはまた、さきの記述でクロード・ブラウンが、ムスリムたちの用いる言葉は当時のハーレムのアフリカ系アメリカ人にとってより親しみやすいものだったと述べていることからも読み取れる。

　こうしてみると、ストリートにおけるネイションのメンバーの服装と容姿、そして身のこなしや所作といった実践においては、ストリートの文化要素とアッパーミドル・クラスの文化要素とが入り混じっていることがわかる。そして、そのように検討してみると、ネイションの服装規定について注目すべきは、単に静的で固定的な服装そのもののスタイルだけではないということにも気がつく。ネイションのメンバーを特徴づけるのは、服装そのものだけではなく、その服装を身に着けての所作であり身のこなしである。スーツと蝶ネクタイという服装自体が、アフリカ系アメリカ人コミュニティにおいて特異なのではない（キリスト教徒もまた、日曜の礼拝にはスーツなどを着て出かける）。そのような服を身にまとった身体で、どのように振る舞ったかという点に独自性が見て取れるのだ。

　それゆえ、ストリート文化におけるファッションの重要性をとらえるためには、服自体の独自性という観念から離れ、独特の身のこなしやジェスチャー、所作をともなう服装実践という考え方を採用する必要がある。要するに、ファッションを名詞として考えるのではなく、《ファッションすること doing fashion》、あるいは《ファッショニング fashioning》という動詞的なかたちで考える必要がある。

［18］服装や所作を用いた差異化（卓越化）のゲームについては、ピエール・ブルデューの仕事から多くを得た。ブルデュー（一九八九・一九九〇、一九九一）を参照。また、ブルデューの「ハビトゥス」の概念や、身体化や慣習化をともなう実践理論の背景にあるマルセル・モースの研究も、ファッション実践を読み解くうえで参考になる（モース 一九七六）。

この点で、クリストファー・スモールが提示した「ミュージッキング」という概念が参考になる（Small 1998）。スモールは、音楽を抽象化され完結した作品として名詞化しとらえるのではなく、動的な音楽の生成に付随するあらゆる実践の総体としてとらえようとした。ここで提示する《ファッショニング》もまた同様に、服やそれを身に着ける人だけでなく、観者やデザイナー、作り手などを視野に入れ、それが生成し、身にまとわれ、振る舞いが共有されていくダイナミズムを、一連の行為の束としてとらえる概念として規定することができるだろう。

また、ファッションのこのような動的側面、あるいは行為遂行的側面に注視することで、ミシェル・フーコーが『監獄の誕生――監視と処罰』（フーコー 一九七五）のなかで描いてみせた身体、規律＝訓練（discipline）、制度、権力の関係を、いまいちどとらえなおすことも可能かもしれない。なぜなら、ここに見出せるのは、軍服や制服、スーツを身にまとい規律＝訓練をつうじて誕生した従順な身体ではなく、それらを身にまといながらなおも、あるいはそれがゆえにかえって、身をよじり、遊び、歯向かい、叫び続ける魂を宿した肉体に思えるからだ。それは、アメリカの黒人社会学者W・E・B・デュボイスが二〇世紀初頭に「二重意識」という言葉で表現した、白人のアメリカの内にあってなおも漂白されない黒人の魂を宿したアメリカ黒人の身体かもしれない（デュボイス 一九九二）。あるいは、そのような二重基準を生き続けてきたがゆえに、両者のあいだを行き来することを日常とした身体かもしれない。[19]

第五節　おわりに――ヒップホップ、ストリート文化、ファッションのダイナミズム

アメリカのヒップホップ表現は、アメリカ社会の抑圧的制度のなかにあって、それに抗おうとすると同時に、その制度と結びついた価値意識のいくらかを引き継ぎ、模倣し、利用する。言い換えれば、ヒップホップの表現は、刑務所詩がそうであるように、社会制度に刻まれた人種差別やセクシズム、マッチョイズム、消費主義などと分かちがたく結びついている。そのようにして、表現は社会の夢や願望を引き受けてしまっているのだ。他方で、ヒップホップ

表現のうちに継承されている闘争的要素は、コミュニティ内の物理的紛争を代替する意図と機能をもったし、アメリカ社会という、より大きな枠組みの内に制度化した既存の調和的な文化コードを侵犯する役割を担った。そのようなやり方で表現することで、紛争にまつわる暴力を調停・調整し、公共の場に再定位すると同時に、既成の社会制度からずれた文法をコミュニティ内につくりだすことで文化表現を更新してみせる。その意味で、この闘争的要素は挑戦的、創造的でありながら、コミュニティの成員がその場への参加をつうじて新しい文法を共有するという点ですぐれて儀礼的でもある。

　儀礼的でありながら創造的でもあるこの種のパフォーマンスにおいて、行為者と観衆はともに、イライジャ・アンダーソンが「ストリートのコード」とよんだ不文律が生成する瞬間に立ち会うことになる（Anderson 1990, 1999）。そこでは、かれらにとっての既存の世界のあり方が描かれ、それに異議が唱えられるだけでなく、かれらの世界への触れ方に関する必ずしも明文化されない一連のルールや慣習が遂行され、確認される。取り巻く観衆のまえで（しかるべきコードにもとづいて）相手への侮辱を表現すること、それを傍観する「部外者」たちからは「暴力的（文化コードを侵犯している）」と思われるような表現をとること、それらの表現を肉体をつうじて表わすこと、そしてそうすることで何事かをいうこと――こうした洗練された遊びの背後には、コミュニティの構築に不可欠な集合的実践があるのだ。

　ストリート文化におけるヒップホップの表現では、何を表現するのかだけでなく、どのように表現するのかがひとしく重要であった。それを思い起こすなら、ヒップホップのファッション実践は、単に自己アイデンティティや美学のわかりやすい指標であるにとどまらない。それは同時に、かれらの方法をつうじた、世界への抗議、社会的侵犯、文化的再創造のあらわれでもある。

[19] 黒人男性の身体の問題としてアメリカの人種問題を描いた近年の作品として、タナハシ・コーツの文献をあげておきたい（Coates 2015）。

◉引用・参考文献

邦訳を参照しているものは邦訳のみを、邦訳があるが原文参照しているものは原典をあげ、邦訳を併記した。

加納豊美（二〇〇四）『舞台衣裳の仕事』カモミール社

加納豊美（二〇一七）「衣服・身体・所作・思考――近代／衣服」『多摩美術大学研究紀要』三一、一一一―一三〇

加納豊美（二〇一八）「衣服・身体・所作・思考――近代／衣服　part.2――アジアにおける〝洋服〟の受容　〝中国〟の場合」『多摩美術大学研究紀要』三二、七七―九三

ゴッフマン、E／石黒　毅［訳］（一九七四）『行為と演技――日常生活における自己呈示』誠信書房

ゴッフマン、E／浅野敏夫［訳］（二〇一二）『儀礼としての相互行為――対面行動の社会学』法政大学出版局

サイード、E／今沢紀子［訳］／板垣雄三・杉田英明［監修］（一九九三）『オリエンタリズム』平凡社

酒井隆史（二〇〇四）『暴力の哲学』河出書房新社

中村　寛（二〇一五）『残響のハーレム――ストリートに生きるムスリムたちの声』共和国

中村　寛（二〇一七）「モハメド・アリという現象――ストリート的所作、イスラームの魂、黒い身体」『立教アメリカン・スタディーズ』三九、一四三―一六一

中村　寛（二〇一九）「暴力とアイデンティティ」〈https://www.toibito.com/interview/humanities/ethnology/2035/5（最終確認日：二〇二一年九月一七日）〉

ブルデュー、P／石井洋二郎［訳］（一九八九・一九九〇）『ディスタンクシオン――社会的判断力批判　Ⅰ・Ⅱ』藤原書店

ブルデュー、P／田原音和［監訳］／安田　尚・小松田儀貞ほか［訳］（一九九一）『社会学の社会学』藤原書店

フーコー、M／田村　俶［訳］（一九七七）『監獄の誕生――監視と処罰』新潮社

モース、M／有地　亨・山口俊夫［訳］（一九七六）『社会学と人類学Ⅱ』弘文堂

レヴィ=ストロース、C／大橋保夫［訳］（一九七六）『野生の思考』みすず書房

Anderson. E. (1990). *Streetwise: Race, Class, and Change in an Urban Community*. Chicago, Ill: University of Chicago Press.（アンダーソン、E／奥田道大・奥田啓子［訳］（二〇〇三）『ストリート・ワイズ――人種／階層／変動にゆらぐ都市コミュニティに生きる人びとのコード』ハーベスト社）

Anderson. E. (1999). *Code of the Street: Decency, Violence, and the Moral Life of the Inner City*, 1st edition. New York: W.W Norton.（ア

ンダーソン、E／田中研之輔・木村裕子［訳］（二〇一二）『ストリートのコード――インナーシティの作法／暴力／まっとうな生き方』ハーベスト社）

Asad, T. (2003). *Formations of the Secular: Christianity, Islam, Modernity*. Stanford, CA: Stanford University Press.（アサド、T／中村圭志［訳］（二〇〇六）『世俗の形成――キリスト教、イスラム、近代』みすず書房）

Austin, J. L. (1962). *How to Do Things with Words*. Cambridge, MA: Harvard University Press.（オースティン、J・L／坂本百大［訳］（一九七八）『言語と行為』大修館書店）

Brown, C. (1965). *Manchild in the Promised Land*. New York: Macmillan.（ブラウン、C／小松達也［訳］（一九七一）『ハーレムに生まれて――ある黒人青年の手記』サイマル出版会）

Coates, T.-N. (2015). *Between the World and Me*. New York: One World.

Cooper, M. (2004). *Hip Hop Files: Photographs 1979–1984*. Cologne: FROM HERE TO FAME Publishing.

Du Bois, W. E. B. (2004). *The Souls of Black Folk*. Boulder, CO: Paradigm Publishers.（デュボイス、W・E・B／木島 始・鮫島重俊・黄寅秀［訳］（一九九二）『黒人のたましい』岩波書店）〔原著初版発行年：一九〇三年〕

Gardell, M. (1996). *In the Name of Elijah Muhammad: Louis Farrakhan and the Nation of Islam*. Durham, NC: Duke University Press.

Jackson, B. (2004). *Get Your Ass in the Water and Swim Like Me: African American Narrative Poetry from Oral Tradition*. New York: Routledge.〔初版発行年：一九七四年〕

Lincoln, E. C. (1973; 1994). *The Black Muslims in America*, 3rd ed. Trenton, NJ: Africa World Press.〔初版発行年：一九七三年〕

Pandey, G. (2006). *Routine Violence: Nations, Fragments, Histories*. Stanford, CA: Stanford University Press.

Turner, V. (1967). Betwixt and between: The liminal period in *Rites de Passage*. In: *The Forest of Symbols: Aspects of Ndembu Ritual*. Ithaca, NY: Cornell University Press.

Turner, V. W. (1997). *The Ritual Process: Structure and Anti-structure*. New York: Aldine de Gruyter.（ターナー、V・W／冨倉光雄［訳］（一九九六）『儀礼の過程』新思索社）〔原著初版発行年：一九六九年〕

Saunders, F. S. (1999). *Who Paid the Piper?: The CIA and the Cultural Cold War*. London: Granta Books.

Small, C. (1998). *Musicking: The Meanings of Performing and Listening*. Middletown, CT: Wesleyan University Press.（スモール、C／野澤豊一・西島千尋［訳］（二〇一一）『ミュージッキング――音楽は〈行為〉である』水声社）

Williams, T., & Kornblum, W. (1994). *The Uptown Kids: Struggle and Hope in the Projects*. New York: G. P. Putnam's Sons.（ウィリアムズ、

T・コーンブルム、W／中村　寛［訳］（二〇一〇）『アップタウン・キッズ――ニューヨーク・ハーレムの公営団地とストリート文化』大月書店）

【参考映像】

サッローム、J・R『自由と壁とヒップホップ』二〇〇八年

リー、S『ドゥ・ザ・ライト・シング』一九八九年

リー、S『マルコムX』一九九二年

リー、S『ゲット・オン・ザ・バス』一九九六年

Ahearn, C.（1982）. *Wild Style*［documentary film］

Silver, T.（1983）. *Style Wars*［documentary film］

【参考音源】

A Tribe Called Quest, 1996, *Beats, Rhymes, and Life*, Jive Records.

第七章　解　題

ヒップホップとよばれる文化表現は、一九七〇年代後半にニューヨークのサウス・ブロンクス界隈で生まれ、四〇年以上の時を経て全米に、やがて全世界に広まり、一つのジャンルとして確立されるに至った。その過程で商業化され、巨大なマーケットをつくりだし、大きく変化することになるが、本章では初期のヒップホップに現れるファッションを、歴史・文化的文脈のなかでとらえ、そのパフォーマティヴな側面を考察した。生成期のヒップホップ文化は、アメリカにおける周縁化されてきた人種・民族、そして社会階層――とりわけアフリカ系アメリカ人やラティーノ――の政治的位置取りと密接に関わるため、かれらのファッションそのものの表層以上に、それが何をなしているのか、あるいはなそうとしているのかを検討した。そうすることで、ヒップホップが抱える闘争的側面の内実を明らかにし、ファッションを新たな文脈の中に位置づけなおすのが目的である。

ストリートにおいて、ファッションはいったい何をなしているのだろうか。とりわけアメリカのヒップホップ文化に眼を向けるとき、ストリートの文化表現との関係で、ファッションとはいったいどのようなものとしてとらえることができるだろうか。本章はそのような問いに導かれている。

筆者は、ニューヨーク・ハーレム地区のアフリカ系アメリカ人ムスリムたちのコミュニティに焦点をあてフィールドワークをおこなってきた。かれらの多くがストリート出身だったこともあり、ストリートにおける視覚的指標（visual marker）の重要性に気がつくようになった。そのことが、ヒップホップ文化やストリート文化のファッションを論じたいと思った最初のきっかけだった。ストリート文化を生きる人びととやり取りを重ねると、かれらがストリートの状態に気を配り、それを瞬時に、深く読んでいることがわかる。たとえば、通りを行きかう人びとの表情や所作、仕草、身なり、服装、気分などをみて、状況を検討し、同様の観点から、自身の「見てくれ」についても注意をはらう。

他方で視覚的指標は、人種、民族、宗教、ジェンダー、階級などのアイデンティティ／差異のポリティックスと強く結びつき、戦略的に用いられてもきた。人種に関していえば、「黒人の」ファッション、髪型、話し方、ジェスチャーが、たとえばジャズやソウル、R&B、ヒップホップなどの音楽とともに流通してきたし、本章では扱えなかったが、映画や文学、ダンスなどの表現にそうした視覚的指標の展開を読むことも可能だろう。それと同様、本章で取り上げたネイション・オブ・イスラーム（Nation of Islam）や、その先行者であるムーリッシュ・サイエンス・テンプル（Moorish Science Temple）、マルコムXの後継的存在でブラックパワー運動を展開したブラック・パンサー党（Black Panther Party）といった社会運動組織は、伝統的にはキリスト教化されたアフリカ系アメリカ人の文化圏にあって、独自の視覚的指標を用いてアイデンティティを確立してきた。

こうしたことを分析するための方法として本章では、あるラップの歌詞を取り上げ、ヒップホップ表現が引き受ける闘争的側面を検討し、その背景を解釈した。そのうえで、ヒップホップに連なる一つの系譜として、ストリート文化を生きる黒人たちの代弁者だったネイション・オブ・イスラームの服装を検討し、「見てくれ」によって何が為されているのかを分析した。

今回、コピーライトなどの問題から、写真を使用できなかったのが残念だが、URLリンクをあげておいたので、各自ウェブ上で確認いただきながら読んでいただければと思う。アメリカのように個人主義の伝統をもちながらも人種や民族の集団意識（コミュニティ意識）が極度に政治化され、自身の帰属意識を表現することが奨励される社会においては、ファッションのような容姿や「見てくれ」の問題もまた、強い政治性をおびる。そのような社会におけるファッションは、個人だけでなく集合的アイデンティティをめぐる、ある程度意識化された戦略であり、同時にまた、自分たちがおかれた社会的位置を確認しつくりかえていくための交換（交感）の場として読み解くことができる。

第八章　モッドマン

日本における理想の男性の美しさと、ファッション・モデルの役割について

門傳昌章

第一節　はじめに

服飾史家アン・ホランダーは、衣服は着ることによってはじめて、その存在や美的な重要性を理解することができると述べている（Hollander 1978: 451）。それは、衣服は人の身体で動かされることによってはじめて、その役割を完全に遂行する（Wilson 2004: 376）ということであり、すなわちファッションを論ずるうえで、それを身に着ける人間に注目するのは大切なことである。ファッション・ショーやファッション雑誌などを通して私たちが目にするファッション・衣服は主にファッション・モデルによって着て見せられている。本章では、男性ファッション・モデルについて論じてみたい。ファッション・モデルはファッション学研究の中でも、驚くほど研究がなされていない。近年では英語による研究が現れはじめているが（Mears 2011; Entwistle & Wissinger 2013; Bardsley 2015）、とくに日本の男性モデルについてはいまだ皆無に等しい。本章では、筆者の近年出版予定の男性モデルの研究をベースに、その溝を埋める手助けをしたいと思う。

男性モデルが研究対象としてのみならず、社会的にも軽視されがちな背景には、ファッションや美しさなど、身体を資

本とした仕事は、女性のものとする偏見によるところが大きい。男性モデルは、自分の身体・外見を使った、「男らしくない」職業に就いているという先入観と、（本来的には女性がなるはずの）ジェンダー論的「眼差し」の対象になる、という二つの偏見にさらされていることがあげられる（Mears 2011）。有名なフェミニスト作家ジャーメイン・グリア（Greer 2003: 10）は現在の英語では、「美しい（beautiful）」という形容詞自体が男性に使われることは稀だと述べており、それは男性の魅力は身体以外の、仕事や経済力に重きをおく社会的傾向と関係している（Steele 1989: 61）。一方日本では、男性にも美しいという言葉が使われることが多い（Monden 2019）。果たして、男性の美的身体に対する考え方にも違いがあるのだろうか。男性ファッション・モデルはファッションを着てその美的な重要性を機能させるだけではなく、人種の概念やジェンダー・アイデンティティの越境性について、私たちに考えさせてくれるのではないかということを、問うてみたい。

調査の方法についても簡単に説明しておこう。本章では、とくに男性ファッション雑誌を通して、日本における男性ファッション・モデルを「人種とアイデンティティ」と「美しさとエロティシズム」という二つのキーワードから紐解いてみたい。分析方法としては、簡単な歴史学的分析法と、雑誌『メンズクラブ』と「資生堂ＭＧ５」の広告をケース・スタディとして視覚分析をおこない、そしてモデル業に携わってきた男性のライフヒストリー・インタビューという、人文学における混合研究（mixed methods）を念頭に置き、学際的研究アプローチをとった。ライフヒストリー・インタビューは主に二〇一七年四月に東京で、計五名に聞き取り調査をおこなった。インタビューは一人約二時間、個々の生い立ちやモデルになった経緯、仕事の内容や個人のモデル観、モデル業界での性差の有無やモデルの社会的地位などについて、男性ファッション雑誌のバックナンバーなどを映像人類学（visual ethnography）的手法に沿って見せながら実施した。

ファッション学は美術史から発展したところが大きく、またファッションや美は個人の主観や解釈によるところが大きい。そのため、現状、疑問、問い、先行研究、分析結果、考察などが明確に分かれている科学や社会科学的研究アプローチ以外にも、人文学的な、研究分析結果をまとめ、書する方法があることを念頭において、議論を展開したい。

第二節　日本のファッション・モデル——背景

日本における職業としてのファッション・モデルの誕生は、伊東絹子らを含む「毎日ガールズ」の公募（一九五一）からだとされているが、男性ファッション・モデルも、時を同じく一九五一年の東横デパート主催による男子服ショーで、当時俳優だった旗昭二や児玉一男がモデルを務めている。旗は児玉や岡田真澄、菅原文太、斎藤吉民らと男性モデル事務所ソサエティ・オブ・スタイル（ＳＯＳ）を一九五七年に立ち上げることとなる。ＳＯＳの画期的な点は、一九五〇年代に男性専用のモデル事務所（三年後には女性モデルも一一名所属しているが）を掲げた点で、これは世界的にみても珍しかった。ファッション都市として有名なニューヨークは六〇年代になるまで男性モデルの事務所はなかったし、パリでも、ピエール・カルダンは自分の初のメンズウェアのファッション・ショー（一九六〇年）で、当時男性モデルがいまだ存在していなかったことから男子学生を使ったとされる（Mears 2011: 114, 214）。ただ、いちばん若かった菅原や岡田も二〇歳を超えており、日本最初の男性モデルの多くは成熟した男性で、着てみせる服も大人のスーツが一般的だった。また、多くのモデルは副業をしていたし、菅原や岡田は俳優業をメインに、モデル業から遠ざかっていった。当時は男性がモデルだけで生活するのは困難だったのだ。

変化が訪れたのは一九六〇年代初頭で、これは戦後のベイビーブーマーが一〇代に差し掛かったこと、そして安保闘争の後、池田政権が所得倍増計画を打ち出し、経済成長に重点を置くにあたり、若者文化を含む、文化的な部分が発展したことと関係していると考えられている。これは石津謙介率いるファッション・ブランド「ヴァンジャケット」や男性ファッション雑誌『男の服飾』（婦人画報社）が若者主体の路線に変更した（西田 一九七九：一八）頃とほぼ時を同じくしている。『男の服飾』は一九六三年に誌名を『メンズクラブ』と改名し、この路線変更を決定的なものとした。その頃から、誌面を飾るモデルも若手俳優から、職業モデルへと変わっていった。この時代で重要なのは、モデルだけで生活できる職業モデルが生まれたことである。たとえば一九六二年に一九歳でサラリーマンからファッション・モデルに転身した戸田昭は、一九八二年にモデル業を引退するまで、男性トップモデルとしてモデルの仕事だけで生活しており、一九六二年当時、モデルの給料はサラリーマンの一〇倍ほどもしたと、筆者のインタビューで語っている。戸田は、『男の服飾』の編集長西田に見込まれてモデルの仕事をはじめ、六〇年代は主にヴァンジャケットや、その他のアイビールック系のファッションを、井手正勝や藤井薫（ヴァンジャケットの社員でもあった）らとともに彩っていた。少年っぽく、小柄でどちらかといえば可愛い、やんちゃ系の容姿をした井手や藤井と比べると、長身でスレンダーな戸田はクールでニヒルなイメージを醸し出していたが、短い髪（アイビーカット）や清潔感のある容姿が、六〇年代の『メンズクラブ』が打ち出していたカレッジ・ボーイ路線にとても良くマッチしていた。

一九七〇年代は講談社の『チェックメイト』（一九七四年―一九九九年）や平凡社（現マガジンハウス）から創刊した『ポパイ』、一九八六年には若い男性向けファッション・ブームを受けて、『メンズノンノ』や『ファインボーイズ』が創刊され、そのあとも男性ファッション雑誌の創刊と廃刊が繰り返されている。これらは、日本の男性の、ファッションと外見に関する高い興味とそれを可能にするある程度の経済力を示しているといえよう。

第三節　ファッション雑誌とモデルの「人種」

さて、日本の男性ファッション雑誌を読んでいて興味深い点の一つに、雑誌によって使うモデルの人種が異なる点があげられる。例をあげると、『ポパイ』は二〇一二年のリニューアル後はハイ・ファッションと欧米系のモデルへの好みがさらに顕著になったのに対し、『メンズノンノ』はややカジュアルなファッションブランドと、創刊当時の、日本人・アジア系モデル主体への回帰がみて取れる（Monden 2018）。二〇二〇年現在、『メンズノンノ』には一七名の専属モデルがいるが、数名を除いて人種的に「日本人」と見受けられる。[1] 日本のファッション雑誌の特徴の一つとして、同じモデルを毎号、数年間にわたって使い、固有のスタイルを確立するとともに、モデルの名前を読者に浸透させることがあげられる（Monden 2018）。これは、一九五〇年代の『装苑』や『それいゆ』、一九六〇年代の『メンズクラブ』ですでに実践されていたことで、欧米と違い、日本ではファッション・モデルの知名度やイメージが戦後から全体的に高かったことと関係しているのかもしれない。

『メンズノンノ』の、日本人モデル志向への回帰は、比較的手頃な価格で購入できるファッションアイテムを中心とした誌面づくりを好む学生向けのファッション雑誌の特徴と一致している。『ファインボーイズ』は、自誌主催のオーディションで選ばれた若い日本人の男性モデルや人気若手俳優、ジャニーズのアイドルなどを中心として誌面をつくっていることで有名で、『ファインボーイズ』のモデルが着用している洋服は、『ポパイ』のそれより手頃な値段の、日本人デザイナーの手掛けた作品が多い（Monden 2015）。マリコ・モリモトとスーザン・チャン（Morimoto & Chang 2009: 178）は、日本では、欧米のハイ・ファッションブランドは欧米系のモデルを使って宣伝することを好み、日本のブランドは日本人もしくはアジア系モデルを使うのを好む傾向があると論じている。必ずしもそうとはいえないが、海外や高価なラグジュアリーファッションなどの、読者の日常と離れたアイテムを宣伝する『ポパイ』が欧米系のモデルを好み、『ファインボーイズ』や『メンズノンノ』など、学生を主ターゲットにした、読者との親近感を重んじる雑誌が日本人モデルを多用することと一致している。

第四節　「ハーフ」モデル

人種というのは、本章では深くは踏み込まないが、二一世紀において、とくにグローバル化にともないとても繊細で微妙なトピックとなっている。例をあげると、多国籍国家として有名なオーストラリアでも、オーストラリアで

［1］Men's non-no web〈https://www.mensnonno.jp/modelprofile/?cx_elements=navigation-header〉（最終確認日：二〇二一年九月一七日）を参照。なお、本章で述べたデータは二〇二〇年七月現在のものである。

生まれ育ったアジア系オーストラリア人を「主流、ひいては白人系」のオーストラリア人から分け隔てるのは、アクセントや言語、文化などの要因があげられるが、最も顕著なのは人種、さらに外見であるといえる（Tan 2008: 71）。衣服を含む外見、容姿は私たち人間と社会を隔てる第一の層（Mackie 2009）だからだ。日本はこと人種問題において、繊細さを欠いているといわれているが（川島 二〇一一）、近年、日本でもハーフ・スタディーズ（岩渕 二〇一四、Want 2016、下地 二〇一八）が注目を集めている。先にあげたように、日本のファッション雑誌、とくにファッション・モデルは人種と密接な関係にある。

二一世紀までのメディアにおける「ハーフ」の存在は、黒人系ハーフ＝男性・暴力的、超男性的で日本男性の男性性を脅かす存在、それに対し白人系ハーフ＝女性・商品化された、（男性の）視覚快楽嗜好の的（山本 二〇一四）、という二項対立で語られることが多い。これは、ジョン・バージャー（Berger 1972）やローラ・マルヴィ（Mulvey 2001）が明確化した一九七〇年代のジェンダー論的「眼差し」の観念に影響を受けていると思われる。この一連の観念では、（男性の）眼差しを受けるのは女性で、男性は眼差しを支配し、投げかける存在であると説いているからである。現に山本敦久や岩渕功一（二〇一四）は、二一世紀になってから、ハーフの男性も視覚快楽嗜好の的となったと論じている。もちろん、白人系ハーフの男性は人種のヒエラルキーにおける「支配階級」に属すると考えられて、議論の的になりにくいということもあげられる。しかし、日本のファッション雑誌、ひいてはファッション・モデルの歴史をみていると、必ずしも（白人系ハーフの）男性は眼差しを支配していただけではないことがわかる。『メンズクラブ』一つとっても、その人種の好みに対する変遷は興味深い。

筆者の、『メンズクラブ』のバックナンバーの分析によると、西田豊穂編集長のもと、若者中心に舵をとった一九六〇年代初頭から中頃までは、戸田や井手、藤井が中心となり、「日本人」系モデルが主体だったのが、六〇年代後半に差し掛かり、ハーフモデルが台頭してくる。この傾向は、進駐軍が日本人女性ともうけた子どもが一〇代後半から二〇歳前後になったことによる日本の芸能界の「ハーフ・ブーム」（高 二〇一四：一〇七）とシンクロしている。

「ハーフ・ブーム」の研究と異なるのは、それが若い男性だということである。事実、戸田やジャッキー中島、中島のパートナーであるタミー（自身も元モデル）らインタビューしたモデルも、この時期ハーフ／ユーラシアンのファッション・モデルの顕著な増加について言及している。この点について、資生堂が一九六〇年代後半から一九七〇年代にかけて打ち出した男性用化粧品ＭＧ５の広告キャンペーンの、視覚分析を通して詳しくみてみたい。

第五節　資生堂　ＭＧ５

ＭＧ５の広告に出ていたファッション・モデル村田秀雄（現団時朗）はアメリカ人と日本人のハーフ。村田の出演したＭＧ５のコマーシャルは、ジェリー伊藤や中山仁の出演した前回までの、商品使用を映し出すという手法を取らず、愛犬と散歩したり、ドライブしたりと、村田の容姿そのものを見せることに重点がおかれている。それは、必ずしも正面からではなく、横から、あたかも村田がカメラの目線に気づいていないショットも多用されており、カメラの、そして視聴者の「視線」の客体であることを意味づけている（Kress & van Leeuwen 1996: 118–19）。これは、日本では女性のみならず男性も「眼差し」の客体となってきたこと（Aoyama 2005; Miller 2006; Screech 2009）を裏づけるとともに、女性だけではなく、ハーフの男性も二一世紀以前からその容姿を通して視線を受ける存在となっていたことを指し示している。ファッション理論家のキャロライン・エヴァンスはファッション・モデルについて、「完全なイメージ」と語っている（Evans 2000: 108）。モデルは「鑑賞物」でもあり（Mears 2011）、「眼差し」の客体について語るとき、男性ファッション・モデルについて忘れてはならない。

　村田が写っているＭＧ５のポスターは月二五〇枚のペースで盗まれたといい（井手 一九六七：一〇四）、若い男性である村田が美的鑑賞の的となっていたことを証明している。また、資生堂宣伝部のアートディレクターだった金子秀之（小林 一九六八：一四一）は、村田のはかなげで頼りなさげなところが人気になったのではないかと語っている。

これは現代につうじる、ややもすれば中性的で細身、必ずしも男性的とされる力強さや積極性をともなわない男性の美的身体がすでに日本で賞賛されていたことになる。

一九六〇年代後半から一九七〇年代は『メンズクラブ』でもジミー塩井やジャッキー中島、森富雄らユーラシアンのモデルが活躍した。これは、塩井によると、日本の男性ファッションが、日本が翻訳したアメリカ東海岸のIvy Lookから、ヨーロピアンの、やや退廃的なモードに移行したことで、Ivy Lookの清潔感ある、かわいい井手やキレイめで好青年風な戸田によるファッションから、ジミー塩井がグループ・サウンズの世界から持ち込んだ、長髪で華やかなファッションへの移行を表している。

日本のモデル業界に限ると、人種、たとえばハーフと日本人モデルは必ずしも二項対立で語られていない。重要なことに、インタビューしたモデル・元モデルの全員が、仕事上、ハーフ、日本人による差はなかったと語っている。加えて、ユーラシアン・モデルである塩井や中島は、人種的に「日本人」の戸田の方が「ハーフ」のような容貌をしており、そのことを「ハーフ」と「日本人」モデルの差異のなさの証拠の一つとしてあげている。これは「ハーフ」に関する問題は、外見によるところが多いことを指し示しているとともに、男性ファッション・モデルが人種という概念を越境しうる存在なのではないか、ということを示唆している。

一九七〇年台中頃にジャッキー中島の交渉により、『メンズクラブ』は専属モデル制度を設立し、それによって「普通」の日本の男の子がモデルに応募するようになる。これが、日本人モデルへ振り子が再度傾き、高橋尚美や今村満が一九七〇年代後半から一九八〇年代に活躍する土台を作った。高橋や今村は、塩井や中島のような一八〇センチメートル以上の、「日本人離れ」した長身と、井手や藤井のような、少年ぽく可愛らしい顔をあわせもった、新しいタイプの、八〇年代を象徴するモデルといえるだろう。この、『メンズクラブ』誌面からみることのできる男性モデルの「人種、美的」変遷は、日本のファッション世界においてのユーラシアン・モデルの意味と、ファッション・モデルが示す人種の越境性を紐解くうえで重要である。

第六節　エゴと美しさへの渇望のあいだ

ユーラシアン・モデルを好む理由に、日本人がもつ白人種への身体的コンプレックスと憧れがよくあげられる（渡会二〇一四）。それのみか、茶髪や二重の大きな瞳、高い鼻など現代の日本の若者の美的好みにも、欧米人への憧れとコンプレックスとが、とくに日本国外の論者によって関連づけられることが多い（Miller 2006）。果たして、本当にそうだろうか。美的好みは個人によるので一概にはいえないが、言語・文化人類学者のローラ・ミラーは日本の若者の美的好みは複雑な影響から成り立っており、必ずしも欧米化を象徴しているわけではなく、また大きな二重の瞳などは昔から（全員ではないが）日本人の容貌を特徴づけていたものだと指摘している（Miller 2006; 2021）。さらに、もし色素の薄い髪を日本人が好むことを欧米化と批判するのなら、髪を黒く染めたり、いれずみを入れたりする欧米人をアジア人化、インディアンやマオリ族化しているといわなくてはならない、いわないのはダブル・スタンダードであると断言している。『メンズクラブ』誌にみる、男性モデルの人種・容姿の変遷は、日本人、ひいては読者の欧米人へのコンプレックスを表しているというよりも、各時代の流行を反映しているといえる。

興味深いことに、自身もヨーロッパと日本にルーツをもつジャッキー中島は、日本におけるハーフ、もしくは非アジア系のモデルの人気について、現実的で実利的な解釈を展開している。中島が筆者のインタビューで語ってくれたことによると、非アジア系のモデルが人気だったのは、日本人の欧米コンプレックスが原因ではなく、逆に日本人男性は、自分より美しく、見栄えの良い日本人に対し、拒否反応を示すからだという。それによって、容姿の整った日本人モデルが宣伝する服を着ても、自分はそのように着こなせない、したがってその服も欲しくない、と購買意欲を削いでしまう可能性があったと語っている。非アジア系モデルは、日本人男性の多くは自分と、視覚的に異質なものだと最初に線を引くために、かれらのエゴを刺激しないで、服の良いイメージを伝えることができたという。昨今のように日本・アジア系の男性モデルが再度台頭してきた背景には、日本人男性の自分の容姿についての自己評価が上がり、モデルと自分を同一視できるようになったからだという。これは、マルヴィ（Mulvey 2001）や橋本治（一九九四）が論じたように、とくに大人の男性は自分より美的に美しいものを認めたくなく、それゆえに男性の美男子の基準は、容姿にもとづいていない、という点を踏まえつつ、男性が自分より美的に優っている男性を鑑賞し、さらには同一視しうる可能性を示している。

第七節　エロティシズムとセクシュアリゼーション

ミラーが論じているように、日本における美的基準を考えるときに忘れてはならない、そして欧米化に関連づけて考えたい論者が見過ごしがちなのは、日本で支持されている基準が欧米の美的基準と必ずしも一致しない点である（Miller 2006）。日本で好まれている男性の美的身体のタイプの一つに、中性的で、少年っぽく、細身の、ややもすれば儚げな男性美があげられる。欧米、とくに北米やオーストラリアではギリシア彫刻のような、筋肉質な男性の体がいまだ理想としてあげられることが多く、オーストラリア俳優のクリス・ヘムズワースやアメリカ人俳優チャニング・テイタム、そしてカナダ人俳優のライアン・ゴスリングなどが該当する。カナダ出身の歌手ジャスティン・ビーバーやアメリカの俳優ザック・エフロンも一〇代の頃の細く、少年っぽい、清潔感ある容姿とは打って変わって二〇歳を超えると筋肉やタトゥーを誇示する、「ワイルド」な容姿へと変貌を遂げたのは有名だ。フランス文学者のケネス・ダットンは、筋肉隆々の男性身体――それをダットンは「英雄的モード」とよぶ――は美的賞賛というよりは、他の男性への、力関係の誇示を目的としていると主張している（Dutton 1995: 345）。それに比べて、若くて線の細い「美的モード」は、一般的な美的基準にあいながら、受け身で弱々しく、従来の「男らしさ」とは相反し、それゆえに男性自身からは望まれない。このような社会では、とくに二〇世紀中頃から美少年のような、若い男性美を好むのは小児性愛と結びつけられる傾向があり、意識的に拒絶することを強要されてきたとジャーメイン・グリアは指摘している

（Greer 2003: 10）。なぜ若者の美しさを鑑賞することと、小児性愛などの問題とされる行為が結びつくのであろうか。

人間の美しさを賞賛することと性的に欲望することは混同されがちである。社会史家アーサー・マーウィックは美に関する著作のなかで、人間の美しさを愛でることは、その人を性的に所望することであると述べている（Marwick 2004: 11）。これは、フロイトの精神分析に影響された西洋社会の、すべての物事を性的に関連づける傾向（Warner 1990: 192）と関係している。それが正しければ、少年（や少女）のような若い美しさを賞賛することは、小児性愛や犯罪と容易に結びつけられてしまう。しかし、東畑開人が主張するように、美とはまた、所望することを望まず、遠くから鑑賞、賞賛するものでもある（東畑 二〇一二：九六）。美学者ロジャー・スクルートンはエロティシズムとセクシュアリゼーション（性欲の対象）の差について、つぎのように語っている。エロティシズムは美に対しての願望であり、その願望の対象を一定の距離から見つめ鑑賞し、たとえ性的な感情や喜びが付随していてもそれはほのめかされる程度で、それが中心にはならない（Scruton 2009: 165）。スクルートンの理論を拝借すると、エロティシズムの対象としての男性美はその、美的鑑賞の対象となる男性性の人間性や個性が必要で、それに対しセクシュアリゼーションは美的鑑賞を無視して、その男性美を所有することに価値を見出し、すなわちその対象の人間性を無視して性的な「体」とみなし、性的な妄想の道具と化す、ということになる。このように、人間の美、美的身体について論ずるときにセクシュアリティをどのようなポジションに置くか念頭におくことは大切である。スクルートンによる美の解釈はまた、対象を必ずしも性的に欲望しないで、その人の美しさそのものを鑑賞、称賛しうることを理論的に明らかにした点で重要である。

日本では、欧米、とくに北米やオーストラリアでは公には好まれない、少年のような、線が細い男性の容姿も一般的に好まれている。日本人モデルを多用している『ファインボーイズ』の専属モデルなどはその最たるもので、少年俳優として活躍した後、二〇一八年に同誌の専属モデルオーディションを経てファッション・モデルとして活躍している松井健太は、一八〇センチメートル近い長身と細身の体、大きいアーモンド型の瞳と色白で細面の顔、と中性的で少年のような、もしくは美少女のような容姿をもっている。アニエス・ロカモラは、ファッションメディアが提案するジェンダー像はこの業界のみに限定されるのではなく、その社会そのものにおいて、私たちがどのように見られ、語られているかを指し示している、と論じている（Rocamora 2009: 58）。それならば、松井や、彼の先輩モデルである戸田や中島、塩井や高橋の存在は、日本において、限定的ではあるが比較的柔軟なジェンダー規範の存在を指し示しているのではないか。また、かれらのまとう少年的美しさ、美的概念は日本国内のみならず、韓国の男性スターにも影響を与えたとされていて（Elfving-Hwang 2017）、男性の美的基準の越境の可能性を指し示している。興味深いことに、ただ影響を受けるのではなく、韓国は美少年の容貌をもちつつ欧米でもてはやされるような筋肉質な体——チョコレート腹筋とよばれる——も持ち合わせることを理想とする美的基準を作り出し、美的基準の境界の融合ともよべる例を示している。このように、ファッション・モデルはファッションを着てその美的な重要性を機能させるだけではなく、人種の概念やジェンダー・アイデンティ、そして美とその多様性、越境性について、私たちに考えさせてくれるのである。

◉引用・参考文献

井手正勝（一九六七）「村田秀雄は〝王将〟を歌わない」『メンズクラブ』一九六七年一〇月号、一〇四

岩渕功一［編］（二〇一四）『〈ハーフ〉とは誰か——人種混淆・メディア表象・交渉実践』青弓社

川島浩平（二〇一二）「日本社会における「黒人身体能力神話」の受容——「人種」／「黒人」という言葉・概念との遭遇とその習得を中心に」『人文學報』一〇〇、七七‐一一二

高　美哿（二〇一四）「戦後日本映画における〈混血児〉〈ハーフ〉表象の系譜」岩渕功一［編］『〈ハーフ〉とは誰か——人種混淆・メディア表象・交渉実践』青弓社、八〇‐一一三頁

小林泰彦（一九六八）「団次朗の唄がきこえる」『メンズクラブ』一九六八年八月号、一四一

下地ローレンス吉孝（二〇一八）『「混血」と「日本人」——ハーフ・ダブル・ミックスの社会史』青土社

東畑開人（二〇一二）『美と深層心理学』京都大学学術出版会

西田豊穂（一九七九）「VANが大きくなったのはマスコミの扱い方のうまさかな」馬場啓一［編著］／くろすとしゆき［協力］『VANグラフィティ――アイビーが青春だった』立風書房、一六-一八頁

橋本　治（一九九四）『美男へのレッスン』中央公論社

山本敦久（二〇一四）「〈ハーフ〉の身体表象における男性性と人種化のポリティクス」岩渕功一［編］『〈ハーフ〉とは誰か――人種混淆・メディア表象・交渉実践』青弓社、一一四-一九七頁

渡会　環（二〇一四）「「ハーフ」になる日系ブラジル人女性」岩渕功一［編］『〈ハーフ〉とは誰か――人種混淆・メディア表象・交渉実践』青弓社、一七八-一九七頁

Aoyama, T.（2005）. Transgendering Shōjo Shōsetsu: Girls' inter-text/sex-uality. In: M. McLelland, & R. Dasgupta（eds.）, *Genders, Transgenders and Sexualities in Japan*. New York: Routledge, pp.49–64.

Bardsley, J.（2015）. *Women and Democracy in Cold War Japan*. New York and London: Bloomsbury Publishing.

Berger, J.（1972）. *Ways of Seeing*. London: Penguin.

Dutton, K. R.（1995）. *The Perfectible Body: The Western Ideal of Male Physical Development*. New York: Continuum.

Elfving-Hwang, J.（2017）. Aestheticizing Authenticity: Corporate Masculinities in Contemporary South Korean Television Dramas. *Asia Pacific Perspectives, 15*(1), 55–72.

Entwistle, J., & Wissinger, E.（eds.）(2013). *Fashioning Models: Image, Text and Industry*. London: Berg.

Evans, C.（2000）. Living dolls: Mannequins, models and modernity. In: J. Stair（ed.）, *The Body Politic: The Role of the Body and Contemporary Craft*. London: Crafts Council, pp.103–116.

Greer, G.（2003）. *The Beautiful Boy*. New York: Rizzoli.

Hollander, A.（1978）. *Seeing Through Clothes*. New York: The Viking Press.

Kress, G., & van Leeuwen, T.（1996）. *Reading Images: the Grammar of Visual Design*. London & New York: Routledge.

Mackie, V. C.（2009）. Transnational bricolage: Gothic Lolita and the political economy of fashion. *Intersections: Gender and Sexuality in Asia and the Pacific, 20,* 11.

Marwick, A.（2004）. *A History of Human Beauty*. London: Hambledon Continuum.

Mears, A.（2011）. *Pricing Beauty: The Making of a Fashion Model*. Berkeley, CA: University of California Press.

Miller, L. (2006). *Beauty Up: Exploring Contemporary Japanese Body Aesthetics*. Berkeley, CA: University of California Press.

Miller, L. (2021). Deracialisation or body fashion? Cosmetic surgery and body modification in Japan. *Asian Studies Review, 45*(2), 217–237.

Monden, M. (2015). *Japanese Fashion Cultures: Dress and Gender in Contemporary Japan*. London: Bloomsbury.

Monden, M. (2018). Clean-cut: Men's fashion magazines, male aesthetic ideals and social affinity in Japan. In: A. Freedman & T. Slade (eds.), *Introducing Japanese Popular Culture*. New York: Routledge, pp.424–431.

Monden, M. (2019). The continuum of male beauty in contemporary Japan. In: J. Coates, L. Fraser, & M. Pendleton (eds.), *The Routledge Companion to Gender and Japanese Culture*. New York: Routledge, pp.270–278.

Morimoto, M. & Chang, S. (2009). Western and Asian models in Japanese fashion magazine ads: The relationship with brand origins and international versus domestic magazines. *Journal of International Consumer Marketing, 21*(3), 173–187.

Mulvey, L. (2001). Visual pleasure and narrative cinema. In: M. G. Durham & D. Kellner (eds.), *Media and Cultural Studies: Keyworks*. Marden, MA: Blackwell Publishers, pp.342–352. 〔初出年：一九七五年〕

Rocamora, A. (2009). *Fashioning the City: Paris, Fashion, and the Media*. London: I. B. Tauris.

Screech, T. (2009). *Sex and the Floating World: Erotic Images in Japan*. London: Reaktion, pp.1700–1820. 〔初版発行年：一九九九年〕

Scruton, R. (2009). *Beauty: A Very Short Introduction*. Oxford: Oxford University Press.

Steele, V. (1989). Clothing and sexuality. In: C. B. Kidwell & V. Steele (eds.), *Men and Women: Dressing the Part*. Washington, D. C.: Smithsonian Institution Press, pp.42–63.

Tan, C. (2008). The tyranny of appearance: Chinese Australian identities and the politics of difference. In: T. Khoo (ed.), *Locating Asian Australian Cultures*. London: Routledge, pp.65–82.

Want, K. M. (2016). Haafu identities inside and outside of Japanese advertisements. *Asia Pacific Perspectives, 13*(2), 83–101.

Warner, M. (1990). Homo-narcissism; or, heterosexuality. In: J. A. Boone & M. Cadden (eds.), *Engendering Men: The Question of Male Feminist Criticism*. New York: Routledge, pp.190–206.

Wilson, E. (2004). Magic Fashion. *Fashion Theory, 8*(4), 375–385.

第八章　解　題

本章モッドマン（Mod man, 時代の先端を表すmodernとそれを体現する男性manを合わせた造語）ではファッション研究のなかでも研究対象として、また社会的にも軽視されてきたと思われる日本の男性モデルに焦点を当てる。現在の英語圏では、男性の魅力は、身体以外の、仕事や経済力に趣をおく社会的傾向と関係しているのに対し、日本では、男性にも美しいという言葉が使われることが多いことから、果たして、男性の美的身体に対する考え方にも違いがあるのか、また、男性ファッション・モデルはファッションを着ることで、人種の概念やジェンダー・アイデンティの越境性をいかに考えさせてくれるのか、を検討した。

　男性ファッション・モデルに注目した経緯は、日本のファッション、ファッションメディアについて研究していたときに、ファッション自体やデザイナーについては研究がなされているのに、それを身にまとい、世に広める役割を担ってきたファッション・モデルについては、ほとんど、本格的な研究がなされていないことに疑問をもったことからはじまった。とくに日本では、女性のみならず男性向けのファッション雑誌が一九五〇年代から存在し、男性ファッションのアイビールックなども世界の注目を集めており、それを身につけ、雑誌に登場していたモデルの人は、どうしてモデルになったのか、そしてどのような人生を歩んでいったのか、ということに関心をもつようになった。また、日本のみならず、他のアジア諸国で好まれてきた男性の美的身体が、世界でも注目を集めており、男性の身体、容姿自体に学術的研究の関心が集まりつつあることにも、男性ファッション・モデルを研究する必要性を感じた。

　分析の方法論は、主に雑誌や新聞記事等から紐解いた文化史、広告等の視覚分析、そしてモデルの、もしくはモデルだった男性の、ライフ・ヒストリー・インタビューを合わせた学際的研究アプローチを取った。この方法は、文化史（cultural history）という手法を使い、日本の男性モデルの歴史と、かれらが活躍した時代を集合的な経験として明確にし、その集合的な経験、時代風潮がモデル本人の主観を通して、いかに体験、解釈されたのかを紐解くことを目的としている。このような学際的研究アプローチをとることにより、客観的、主観的両面から日本の男性モデル、ひいては戦後日本のポピュラー、メディア、そして消費文化の歴史をみることが可能になった。また、ファッション・モデルは「完全なイメージ」で、「鑑賞物」になることを意図とする職業でもあり、広告等の視覚分析法を使うことも重要であった。

　このようなアプローチを使うことによって、ファッション・モデルはただ容姿がすばらしいだけではなく、「人種とアイデンティティ」、「ジェンダーと眼差し」や「美しさとエロティシズム」といった人文・社会科学的な研究を問うに効果的な存在であると提示している。本章は二〇一六年度国際交流基金日本研究フェローシップの成果の一部をまとめたものである。

第九章　大人男子

若者文化の発生と男性の成熟と未熟

太田　哲

第一節　はじめに――「大人男子」の登場

ここ数年、雑誌を中心に「大人男子」という言葉を耳にする。「大人」という成熟を表す言葉と、「男子[1]」という少年を想起させる撞着語が雑誌で使用されるようになったのは、筆者が知る限りでは二〇〇七年以降である。その後、『an・an』（二〇一〇年四月発行）や『JUNON』（二〇一〇年一二月発行、二〇一一年五月発行、二〇一一年一二月発行、二〇一二年五月発行）、『non・no』（二〇一二年九月発行）など、女性向けの雑誌を中心に用いられ、二〇一三年二月発行の『メンズノンノ』でコラムニストの辛酸なめ子がコラムにて使用している。また、二〇二〇年一月発行の『週刊ダイヤモンド』において、その言葉はトレンド評論家の牛窪恵の記事で使用されている。

---

［1］「男子」という言葉は、男性一般を指す意味ももつ。たとえば「男子柔道」、「男子マラソン」、「男子便所」、「男子更衣室」など、性別カテゴリーとして用いられる場合や、「美男子」、「好男子」、「男子厨房に入らず」、「男子の本懐に非ず」など、年齢的要素が薄い場合がある。しかしながら、こんにち日常にて使用される「男子」は男の子、男児という意味合いの方が強く、「男子」という言葉を聞くと、年少の男の子をイメージする場合が多い。

これは「大人女子」という言葉から派生したものと考えられるが、米澤泉によると「女子」という言葉が性別としての意味や女児としての意味以外の成人女性を指す意味としてファッション誌に最初に使われたのが一九九八年で、漫画家の安野モヨコによってであると指摘している（米澤 二〇一四）。その「女子」という言葉が一般化した頃、深澤真紀が「草食男子」という言葉を世に広め、「男子」という言葉が男児よりも年齢が高い男性に対して使われはじめるようになった。その後に「スイーツ男子」や「料理男子」など、従来のジェンダー規範の逆の組み合わせとして使う場合にも使用され、これは「刀剣女子」や「釣りガール」などと同じパターンであるといえよう。

大人男子という言葉の似た形態として「三〇代男子」、「四〇代男子」などがある。これも「三〇代女子」、「四〇代女子」の派生語であるが、本来であれば成熟した男性として考えられる三〇代、四〇代の男性に対して、「男子」という未熟さを内包する言葉をつなげている。これらの言葉が示すように、「男子」という未熟性を内包する言葉が「大人」という成熟を意味する言葉と合わせて使われることは、年齢という境界線を越えようとする指向性をはらんでいる。そしてその影響は、男性ファッションにも表れている。本章ではそのことを踏まえたうえで、かつての認識であった「大人」、「男性」という年齢、ジェンダーの枠組みに収まっていた成人男性ファッションの変化を概観し、それを「成熟／未熟」というテーマを中心に考察していく。

第二節　大人↔子供の発生

「大人」の対になる言葉は「子供」であるが、現在では一般的に、子供から大人になると考えられている。しかし、この「子供」という概念は太古からあったわけではなく、また「子供服」というジャンルは昔から存在していたわけではない。ヨーロッパで子供服が一般的になったのは一七世紀以降といわれている（徳井 二〇一〇）。その前の時代には身分制度が色濃く存在しており、服装の差異は年齢の差異によって生じるよりは、身分によって生じる傾向にあった。この一七世紀という時代は、フィリップ・アリエスによればヨーロッパにおいて「子供」というものを認識しはじめた時代であった（アリエス 一九八〇）。中世以前は「子供」という認識は薄く、七、八歳になれば徒弟として修業に出され、大人同等に労働力として扱われた。子どもが慈しむべく特別な存在としての「子供」として人びとに認識されるようになったのは、学校制度が一般化してくる一七世紀以降であるとアリエスは主張する（アリエス 一九八〇）。

日本において子供服が普及するのは、洋装が浸透する明治期以降となる。熊澤慧子によると、それは明治三〇年代頃の上流階級のあいだでは正月や七五三の晴れ着として用いられるようになってきたが、庶民のあいだでは和服姿が大正初期までは一般的であった（熊澤 二〇一三）。子供服の普及の前提には「子供」がカテゴリーとして認識されていなければいけないのだが、これも明治期の近代化・西洋化によってもたらされたものといえる。

近代における「子供」の発見は、守るべき、慈しむべき存在として「子供」をとらえなおすとともに、子供を経済市場の対象としてとらえる意識も芽生えさせた（神野 一九九五）。そのような認識としての子供は近代以降の産物であるが、それ以前の日本では、成人と子どもは武家を中心に元服の儀式によって区別されていた。元服以降は幼名から元服名へと変わり、髪形も月代《さかやき》を入れた髷を結うものとなる。このように子どもと成人を区別し、その区切りとなる儀礼をおこなうことは多くの社会でみられ、人類学においても数々の研究がなされている。ファン・ヘネップの『通過儀礼』という著書がその代表作であるが、「通過儀礼」とは個人が人生の過程である集団からつぎの集団に移る過程でおこなう儀礼を指す。個人がつぎの集団に移る際には、その社会における地位の変化をともなう。儀式を境に、子どもの集団から成人の集団へと移る。

このように近代以前の日本では、子ども時代と成人の時代のあいだには境界線が設定され、明確に区別されていた、といっていいだろう。それが明治期に入ってからは、学校教育の施行により近代以前から存在した「子ども」や「童」とは別のものとして「子供」という概念が新たに生まれ、また、それとともに「青年」という概念も誕生した。一五歳前後で子どもから成人となる近代以前と比べて、近代以後は子供期、青年期を経て大人となるようになった。つまり、大人になるまでの時間が延長されたといえよう。

第三節　若者の誕生と若者期の延長

青年という言葉はYoung Manという英語の訳語であり、東京キリスト教青年会の初代会長がＹＭＣＡを訳す際に作った言葉とされ、一八八〇年代後半に広がっていった（和崎 二〇一〇）。日本語でいう「青年」という言葉が人間の発達段階を指す意味合いが強いのに対し、丹田によると「若者」という言葉は、消費社会における成人世代とは異なる文化の担い手というニュアンスがある（丹田 二〇一九）。ここで重要なのは、若者という言葉の特徴は、消費社会の発達と成人世代とは異なる文化の担い手という点である。

「若者」は一つのカテゴリーとしてみなされ、学術においても研究の対象となりうる。その先駆けとなったのはポール・ウィリスの『ハマータウンの野郎ども』であろう。ウィリスは英国の労働者階級の中等教育で学ぶ少年たちを調査し、労働者階級が再生産される様子を観察した。そこで述べられているのは、労働者階級の少年たちがかれら独自の文化をもち、既成の学校文化に対し反抗をしているというのである（ウィリス 一九九六）。

また、同じ英国で同時期に出版されたディック・ヘブディジの『サブカルチャー――スタイルの意味するもの』も、若者文化研究の発展に寄与した著作であろう。ヘブディジは英国における戦後の若者文化を分析し、各年代に現れた若者のスタイル（テッズ、モッズ、ロッカーズ、パンクなど）が反抗の象徴的形態であると述べた（ヘブディジ 一九八六）。英国におけるこれらの研究調査で明らかになったのは、若者が独自の消費文化をもっていて、その文化の担い手としてのアイデンティティを備えている、ということである。

宮台真司らによると日本における若者文化の出現は、石原慎太郎の『太陽の季節』（一九五五）の出版に象徴されるように、一九五〇年代後半に起こった（宮台ほか 一九九三）。そこで描かれている若者は、大人とは異なる固有の身体として、秩序に反抗する集団として描かれている。太陽の季節はその後に映画化され、若者文化の形成に影響を与えた。映画の登場人物のようなスタイルを模倣する若者が登場し、それらの若者は「太陽族」と呼ばれた。

　難波功士は戦後における若者のスタイルの変化をまとめ、「太陽族」、「みゆき族」、「クリスタル族」などの「族」から、「渋谷系」や「裏原系」など嗜好のカテゴリーとしての「系」として、メディアが若者を括るアプローチの変化を調査した（難波 二〇〇七）。若者文化が時代ごとに誕生し、このように「族」や「系」などでカテゴライズされ、それらの若者はファッション、音楽などの消費スタイルにおいて同じ「族」、同じ「系」の人びとのあいだには共通したものがみられる。そして、それらの消費スタイルが国籍、出身地などに加え、アイデンティティの拠り所として新たに加わった点が重要である。

　近代化以前は「子ども」から元服し一人前へ、近代化以降は「子供」、「青年」、「大人」などおおよその年齢によって、所属するグループを離れて新たなグループへと入っていき、それを幾度か繰り返して、最後は老人として死を迎えるというのが多くの人びとの人生であった。少年のグループは少年でなければメンバーではいられない。たとえば暴走族などは、ある一定の年齢になると「引退」という形でグループを離れるわかりやすい例といえる。同じように、「若者文化」の担い手は「若者」であるので、「若者」でなくなれば「若者文化」のプレイヤーからは「引退」することになる。

　難波によると、団塊の世代がハイティーンに達した頃の一九六〇年代中頃に話題となった「みゆき族」は、独自にファッションを楽しみだした先駆的な世代であると指摘される（難波 二〇〇七）。その頃は、大人と「僕ら若者」という二項図式が成立しており、それは「ドブネズミ色の背広を着た大人」↕「Tシャツとジーンズの僕ら」、「演歌しかわからない大人」↕「エイト・ビートにノレる僕ら」といった形で、ファッションや音楽などありとあらゆる領域に展開していた（宮台 一九九四）。

　このように若者自身が若者としてのアイデンティティをもち、大人とは違うグループに属する自分を自覚していたのだが、前述のように若者でなくなれば、かれらが忌み嫌うドブネズミ色の背広を着た大人になるはずであった。しかしながら、かなりの数の「若者」たちは、若者であることを引退してつぎのグループである「大人」へと移り、自らのアイデンティティを大人というグループにおくことをしなかった。精神科医である小此木圭吾はこの現象を観察し、精神的にはまだ自己形成の途上であり、大人社会に同一化できないでいる人間を「モラトリアム人間」とよんだ。小此木はアメリカの精神分析学者であるエリク・エリクソンの言説を参照しつつ、青年期を心理社会的モラトリアムの年代であるとの定義を引用し、青年時代を大人世代から知識・技術を継承する見習い期間であり、それらは大人たちから与えられたものであると述べた（小此木 一九八一）。古典的なモラトリアム心理であれば、修業期間である青年は大人たちから半人前と扱われていたので早く一人前に成ることを渇望し、また半人前であるがために禁欲状態を強いられ、フラストレーションが溜まり、それにともなう不安、緊張感と闘わなければならなかった（小此木 一九八一）。

　しかし現代世界では青年期の位置づけが変化し、従来の古典的なモラトリアム心理と比較すると、モラトリアム心理そのものの質が変わってしまった。そして、その原因は若者文化の出現と青年期の延長であると小此木は主張する。かつてモラトリアムの状態は、大人社会から作られたものであったのに対し、青年たちはそれを自分たちの自己主張の場とするようになった。大学紛争での青年たちは、この典型例である。かつては古いものを継承するために設けられたモラトリアム期間が、刻々と進歩し開発される新しいものの習得や発見、創造を目的とするものに変化した。また、豊かな社会では、若者が商品の消費者として大きな比重を占め、大人社会の側がかれらをお客さんとして尊重するようになった（小此木 一九八一）。近代以降禁欲を強いられ、半人前扱いをされるモラトリアム期間は、新しいものを探求することが重要視される現代社会においてその意味が変容することになる。現代における若者は消費社会の主役とされ、半人前感覚から全能感をもつ存在となった。それに加え、豊かな社会のなかでは物質的な満足を得ることが容易となり、婚前性交に対する許容的な態度が、社会的に広がっていたので、性的禁欲に対してもモラトリアム状態であるがゆえにより、気楽に性の解放を積極的に享受することができる状況が成立しはじめた（小此木 一九八二）。

青年期の延長に関して、小此木は高学歴社会、中産意識の一般化などがその原因であると述べているが、彼がそれにもまして強調したのは、青年期＝モラトリアム時代における居心地のよさであった。そして、その青年期の延長は留年を繰り返す大学生や、目的もなく大学院に進学しいつまでも博士論文を書かない青年たちのみを指すのではなく、若いサラリーマンや結婚し家庭をもつニューファミリー層にも広がっていると述べている（小此木 一九八二）。つまり、人生のライフステージの変化がアイデンティティの変化につながるのではなく、ライフステージは変わってもモラトリアム状態でいる人間が増えているのである。小此木によると心理学者や精神科医の共通見解として、かつては一二、三歳から二二、三歳までとされた青年期が三〇歳くらいにまで延長していると述べられる（小此木 一九八二）。小此木が『モラトリアム人間の時代』を執筆したのは一九七〇年代後半であり、ハードカバー版は一九七八年に出版されている。その当時の若者に対し、三〇歳成人説がとなえられており、それから四〇年近く経った現在では、それがさらに変化していると考えられる。

第四節　越境のファッション

青年という人間の成長過程においては、「成人」というつぎのステージへの変化が想定されやすいが、前述の丹田が指摘するように、若者文化は消費文化と関連しているので、消費形態の変化がなければつぎのステージへの境を想定しづらい（丹田 二〇一九）。若者的な消費を続けている限りでは、若者文化からの引退に対する意識は希薄となってくる。たとえば、昔であれば子供の読み物と考えられていたマンガは、現在では幅広い年代で読まれており、一〇代のアイドル歌手のファンには中年のファンも数多く存在する。ファッションに関していえば、かつては大人であればスーツを着るのが一般的であり、若者からはドブネズミ色の背広を着た大人と揶揄もされた。

しかしながら、現在においてはかつてほどの区分けはみられない。子供服の象徴であった半ズボンも、現在の形体は若干違うが、ハーフパンツというかたちで成人男性たちのあいだでも夏では一般的なスタイルとなった。このように若者や子供のファッションと考えられていたカテゴリーの服が、大人世代の人びとのあいだでも着られるようになったのは、いつ頃であろうか。小此木によると、たとえばジーンズは若者の象徴とされていたが、中年であったカーター大統領候補がみずからのイメージ作りのために選挙キャンペーンをジーンズ姿でおこなったという（小此木 一九八一）。カーター氏が大統領になったのは一九七七年一月であるので、大統領キャンペーンをおこなったのは一九七六年ということになる。同様に日本でも、政治家が選挙戦をおこなう際に、ジーンズスタイルとワンセットになっているTシャツをシンボルとした（小此木 一九八一）。

小此木の指摘は、一九七〇年代後半における大人が若者ファッションを取り入れた例である。その当時は若者ファッションが生まれて間もなく、若者ファッションを着る人びとは主に若者であり、それに対してスーツをはじめとする大人のファッションを着ていた大人が若者ファッションを取り入れたという形になる。しかし一九八〇年代に入ると、若者文化が発生した一九五〇年代半ばから四半世紀以上が経過し、若者ファッションが芽生えたみゆき族の隆盛から二〇年以上が経過していることになる。そして、その八〇年代の若者は、若者文化が日本で誕生した後に生まれ、若者文化の発展とともに育った世代といえる。その世代は「新人類」世代とよばれたが、その世代の若者文化の一つが田中康夫による小説『なんとなく、クリスタル』の登場人物のような生活を送る「クリスタル族」だといえる。その後、バブル期のHanako族やバブル崩壊後の団塊ジュニアのチーマー、コギャルなど多くの若者文化が誕生し、さらに二〇〇〇年代以降も、ギャル、ギャル男、アキバ系などさまざまな文化が生まれ続けている。世代的には新人類ジュニアを経て、ジェネレーションZ世代が注目されはじめた。「ジェネレーションZ」はアメリカの世代論でいわれている世代であるが、最近では日本でも使用されるようになってきている。これは団塊ジュニア世代の子ども世代にあたり、デジタルネイティブの世代ともいわれている。

このように現在の若者は、若者文化が誕生してからの三世代目にあたり、若者文化を牽引した太陽族は八〇代、団塊の世代は七〇代となっている。八〇年代消費文化の申し子であるクリスタル族も還暦を過ぎる年となった。ファッションに関していえば、前述のように大人が若者のファッションを取り入れた七〇年代と違い、若者文化をつくりあげてきた世代、若者文化が誕生してから生まれた世代が年齢を重ねているので、かれらにとってみれば大人というカテゴリーに意識的に移行することをしなければ、かれらはかれらの文化をそのまま実践しているといっていいだろう。

ファッションにおける「大人」対「若者」という二項対立が弱まったもう一つの原因に、オフィスファッションのカジュアル化もあげられるだろう。九〇年代のシリコンバレーにおけるIT企業からオフィスのカジュアル化の波が広がり、それが日本にも影響を与えた。それは九〇年代末のカジュアルフライデーなどで徐々に広がり、二〇〇五年の環境省主導のクールビズ運動でオフィスのカジュアル化がいっそう進んだ。大人としての記号を表すフォーマルウェア――それを着用する代表的な場所であるオフィスにおいてカジュアル化が進んだことは、ファッションにおける「若者／大人」の境をよりいっそう不鮮明にさせる一助となった。

大人、若者のファッションの境をみていくうえで、もう一つの重要な点はジェンダーの視点である。本章はおもに若さの延長を扱うため、ジェンダーに関する論考は字数の関係で詳細は他の機会で論じるが、「大人」というカテゴリーを考える際に性差の意識（性差を意識しない、無視する、越えるという意識も含め）は重要なテーマの一つである。文化人類学の研究が示すように、成人することは多くの社会では性差を意識することでもあった。そういう意味において成人男性になるということは、成人男性としての身なりを整えるということにもつながった。

しかし、上野千鶴子が指摘するように、『メンズノンノ』の創刊特集は「ピンクが着たい」というものであった（上野 一九九二）。当時日本では、ピンクは女性が身に着ける色という認識が強く、その意味ではジェンダーを超えたファッションの初期の例といえよう。上野はさらに、ピンクを着る男性に対し、「甘いフワフワした女の子っぽいピンクである。だからといってピンクずくめの男の子がニューハーフみたいな女性化した男ということではない。ピンクを着てても ちゃんと男の子のカッコとして決まっている。」と述べている（上野 一九九二：三〇）。

上野がこの論を書いた一九八〇年代半ばは、男性が男性らしさを出していた時代ともいえる。しかしながら、『メンズノンノ』の表紙を飾った阿部寛や風間トオルは、それ以前の男性性を前面に押し出すような男性像とは違うイメージを提示していた。北方晴子らは『メンズノンノ』で表されている「男らしさ」は、従来の男性／女性という二分法の区分ではとらえることはできない新しいものであると述べている（北方ほか 二〇一三）。その後に武田真治、いしだ壱成などをアイコンとして、一九九三年から一九九四年頃に流行した「フェミ男」（小川 二〇一八）や、木村拓哉が出演した一九九六年カネボウの口紅のテレビCMなどにより、従来の「男らしさ」の境界線からはみ出した新しい若者像が出現した。それが二〇〇〇年代に入ると、ギャル男[2]、二〇一〇年代にはジェンダーレス男子など「男らしさ」、「女らしさ」の境界線を不明瞭にしていく動きもみられるようになった。

このように従来であれば男性の場合、「成人＝男性らしい男性」という枠組みがあったが、第二次性徴期を超えた後も「男らしさ」という枠組み自体があいまいになり、ある年齢になったら「男」というカテゴリーに移行するモデルが単純には当てはまらない時代となっている。

第五節　おわりに

ファッションが着ている人の性別、社会的地位、年齢などを表す記号であるとすれば、その前提として「男性」、「女性」、「子供」、「若者」、「大人」などのカテゴリーが存在していなければならない。本章では「大人男子」という言葉に注目し、日本の男性の成熟に対する認識の変化について考えていった。かつては武家社会を中心に「元服」という通過儀礼を経て、一四、五歳で成人していた日本では、近代学校制度導入以降に「子供」や「青年期」など新しいカテゴリーが生まれ、大人になる時間が延長された。また、消費社会の広がりとともに「若者」というカテゴリーが生まれ、「大人」とは対比される存在となった。

しかしながら、一九七〇年代には精神科医の立場から青年期の延長が指摘され、三〇歳成人説が唱えられるようになった。この時までは「青年期」「大人」というカテゴリーが存在していたと考えられるが、消費スタイルの観点が強い「若者」というカテゴリーの対比としての「大人」は、「若者」を引退してはじめて移行できる。しかし、太陽族を経てみゆき族が注目され、それを牽引した団塊の世代の「若者ファッション」など、つぎつぎに起こる若者文化のなかで育ってきた日本の青年は、消費スタイルとしての「若者」であり続けた。この若者の延長はかつてのように元服すれば成人という変化は必要なく、その意味では成熟の明確な基準ももちにくい。ファッションにおいても中年、前期高齢者男性のジーンズ着用をみても、衣服によってライフステージの変化を測ることは難しくなった。

ここからいいうるのは、大人男子に代表されるような「未熟な成人」は、「大人」というカテゴリーへライフステージを移行することを拒むという、社会通念に対する積極的な反抗、もしくは大人の領域にいる自分から意識的に境を越えて若者の領域にいるというものではなく、「若者文化」を無意識的に実践し続け、時間が経過してしまっているのではないかということだ。若者ファッションを牽引した団塊の世代は七〇代に入り、クリスタル族で知られた新人類世代は還暦を迎えた。団塊ジュニア世代に向けられた大人男子や四〇歳男子が還暦を迎えるころ、「還暦男子」とよばれるのかはわからない。また、仮にそうなった場合の「男子」というニュアンスが未熟さを内包するものか、そ

［2］ギャル男はファッションやメイクの点からはギャルを模した点が多く、そのためフェミニンなイメージがあるが、荒井（二〇〇九）のフィールドワークが示すとおり、ギャル男は渋谷ストリートカルチャーの流れも汲んでおり、ケンカ、オラオラなどマスキュリンな要素が強い。

れとも戦前の「男子の本懐」という使われ方での男性一般という意味合いでの男子になっているかも今後の研究を待たなければならない。

最後に余談ではあるが、雑誌において大人男子という言葉は男性誌よりも女性誌において頻出していた。また、男性読者を対象とする『メンズノンノ』や『週刊ダイヤモンド』においても、辛酸なめ子や牛窪恵など女性論者によって書かれている。ＡＥＲＡの二〇〇七年三月一二日号の記事に四〇歳男子という言葉が出てくるが、これも白河桃子によって書かれた記事である。大人女子、三〇歳女子、四〇歳女子など女子という言葉が女性自身によって創られ、使われ、女性自らが既存の枠組みに対して挑戦している意味合いがあるのに対し、大人男子は受け身的要素が強いといえる。男性自身が新しい男性像を自ら積極的に模索しているというよりは、青年期に実践していたファッションも含めた若者文化を無意識にそのまま実践し続け、結果として年齢を重ねてしまっている状態の男性たちが、言論界で活躍する女性論者たちから発見、もしくは創られ、命名された存在とも読みとれる。

◉引用・参考文献

荒井悠介（二〇〇九）『ギャルとギャル男の文化人類学』新潮社

アリエス、Ｐ／杉山光信・杉山恵美子［訳］（一九八〇）『〈子供〉の誕生――アンシァン・レジーム期の子供と家族生活』みすず書房

ウィリス、Ｐ／熊沢　誠・山田　潤［訳］（一九九六）『ハマータウンの野郎ども――学校への反抗・労働への順応』筑摩書房

上野千鶴子（一九九二）『〈私〉探しゲーム――欲望私民社会論』筑摩書房

小川麻衣（二〇一八）「ファッションとジェンダー――〝フェミ男〟現象と「男らしさ」の考察」『文化学園大学・文化学園大学短期大学部紀要』四九、四九-五六

小此木啓吾（一九八一）『モラトリアム人間の時代』中央公論社

北方晴子・大石さおり・木村拓也・菊田琢也・廉恵晶（二〇一三）「現代における「男らしさ」の構築と男性ファッション誌の役割――

一九八〇年代以降、メンズノンノ誌を中心に」『服飾文化共同研究最終報告二〇一二』七八-八五

熊澤慧子（二〇一三）「第七章 洋装化の時代〈明治時代〜第二次世界大戦〉」増田美子［編］『日本服飾史』東京堂出版、一四三-一六五頁

神野由起（一九九五）「市場における「子供の発見」——子供のためのデザインの成立とその背景に関する一考察（1）」『デザイン学研究』四二（一）、九三-一〇二

丹田桂太（二〇一九）「社会教育研究において「青年」はどう捉えられてきたのか——戦後の「青年」概念の変遷に着目して」『東京大学大学院教育学研究科紀要』五九、一八七-一九六

徳井淑子（二〇一〇）『図説 ヨーロッパ服飾史』河出書房新社

難波功士（二〇〇七）『族の系譜学——ユース・サブカルチャーズの戦後史』青弓社

ヘブディジ、D／山口淑子［訳］（一九八六）『サブカルチャー——スタイルの意味するもの』未来社（Hebdige, D. (1979). *Subculture: The Meaning of Style*. London: Routledge.）

宮台真司（一九九四）『制服少女たちの選択』講談社

宮台真司・石原英樹・大塚明子（一九九三）『サブカルチャー神話解体——少女・音楽・マンガ・性の三〇年とコミュニケーションの現在』PARCO出版局

米澤 泉（二〇一四）『「女子」の誕生』勁草書房

和崎光太郎（二〇一〇）「近代日本における「青年期」概念の成立——「立志の青年」から「学生青年」へ」『人間・環境学』一九、三五-四六

McRobbie, A. (1994). *Postmodernism and Popular Culture*. London: Routledge.

第九章　解　題

ここ数年雑誌を中心に目にするようになった大人男子、三〇代男子、四〇代男子などがあることを指摘したうえで、「男子」という未熟性を内包する言葉が「大人」という成熟を意味する言葉と合わせて使われることは、年齢という境界線を越えようとする試みの要素もはらんでおり、そしてその影響は男性ファッションにも表れている。その状況を、かつての認識であった「大人」、「男性」という年齢、ジェンダーの枠組みのなかに納まっていた成人男性ファッションの変化に対しても概観し、成熟、未熟というテーマを中心に考察した。

現在著者は消費社会の発達にともなう「若さ」の延長とその影響としての日本をはじめ東アジア諸国の少子化について興味をもち、研究テーマの一つとしている。若さというテーマには単に「若くみせる」というものだけではなく、「若者」であり続けること、成熟を無意識に遠ざける精神性の変化なども研究対象として含んでいる。また、以前「美魔女」という現象において女性たちの若さの延長と消費文化の主役であり続ける人びとについて論考をおこなったので、つぎはおもに男性についての論考をおこないたいと思い、その開始として本章を執筆した。本章での問いはライフステージの「境」が時代によって人びとのあいだでどのように認識され、変化し、その「境」を越えようとする人びとの実践を男性ファッションの変化を通して概観した。

若者文化の研究は欧米を中心におこなわれており、その発端の一つが犯罪学から派生したということもあり「逸脱した若者」というとらえ方など男性中心的なものが多く、女性の若者文化に対する研究はあまりされてこなかったことをMcRobbie（1994）は指摘した。しかしながら日本においては八〇年代以降若者文化の牽引役は女性の消費文化であり、そのことに関して著者は草食男子や美魔女に関する論文をはじめいくつかの論文で述べてきた。この、欧州と日本を含む東アジア諸国の女性消費文化の差異について注目し、消費生活の維持を価値の中心に据えることによる影響について考察するようになった。

日本における男性の消費文化は女性のそれに比べ注目度は低いが、時代とともに変化し、それにともなう人生設計の変化についても注目していきたいことから、本章の執筆に至った。また、女性消費文化の発達によって日常生活における男性の女性に対する対応の変化、それにともなうかれらの消費形態の変化、成熟に対する考え方の変化などさらに研究を深めていきたい。

本章の執筆にあたっては文献研究を通しておこなった。本書の目的は初学者に向けてファッションをつうじておこなう研究の概要を示すことにあることから、本章の内容も初学者にファッションを「面白い」、「美しい」、「楽しそう」という感覚的なものという側面ではなく、ファッションとつうじて社会を考えるきっかけやその学問に興味をもってもらうよう努めた。その観点から特定分野を細かく掘り下げる形式よりも広く一般的な内容を説明していくことに傾注し、そのためには文献研究が適していると考えた。

第十章　フランスのファッション・メディアにおける規範的女性像の構築・伝達

高馬京子

第一節　はじめに

日本人は第二次世界大戦後、みずからの生活を「アメリカ化」させていくなかで、ファッションについてはアメリカ人も参考にしたフランスのファッションスタイル、そしてその洋裁技術を意識しながら、とくに「パリジェンヌ」のファッションをお手本にしてきた（高馬 二〇〇三）。高度経済成長を経た一九七一年、フランスの*ELLE France*にならって創刊された女性雑誌『an・an』では、その姉妹誌を手本として服飾などを購入できる店の情報や、ファッション特集、占いの情報などが掲載されていた。この例が示唆するように、日本の女性ファッション誌を考えるうえでも「フランス人女性像」は重要な存在であったといえるだろう。今もなお日本では、「パリジェンヌ」をモデルとしたファッションの着方、生活の仕方を教える本が多く刊行されており、唯一のお手本ではないにせよお手本にすべきパリジェンヌ像というイメージが流布される傾向にある。しかし実際のところ、フランスのファッション雑誌においてフランス女性の理想像はいかにして形成されているのであろうか。

ファッション雑誌とそこで提示される理想像との関係はどのようなものなのであろうか。諸橋泰樹によると、マスメディアとしての女性雑誌では、「エディターや世間の人々が女性をどうあらしめたいかという力と、オーディエンスである当事者の女性がどうありたいかという力のネゴシエイト（せめぎあい）の中で、［女性雑誌は］これからも存在してゆく」（諸橋 二〇〇九：五〇）と指摘されるが、雑誌の言説もその読み手である女性の欲望を先取り／喚起しながら、「女性のなりたい女性像」や「（男性）社会から要請される女性像」を提言していく部分があると考えられてきた（田中・高馬 二〇二〇）。また、それと同様に、女性を読者とする雑誌におけるジェンダー像を検討したものとして、フランスの研究者ジエによるものがある（Giet 2005）。ジエはその著書である『自由であれ、それは命令よ』のなかで、*ELLE France* の他フランスの雑誌において構成される「自由な」女性像が自由さを提示すると同時に、雑誌による強制をも表すという両義性について考察している。すなわち女性ファッション雑誌は、第二波フェミニズムといった女性解放運動などを経て、女性が自由になって自らの意思で身体を性的に露出するなど、解放するに至る「現実」を映し出しているのか、それとも肌をみせ、性的であることを女性に強いる男性中心の社会による要請を映し出しているのかという問いである。たいていの場合ファッションとは、女性の価値を推進するために用いられる装置、すなわち、女性雑誌において、（異性愛の）女性たちが（異性愛の）男性を魅了するためにあるように女性像が掲載されている（国広・東京女子大学女性学研究所 二〇一二：二五三）と考えられる。このように女性のファッション雑誌は、言説によって、女性が男性の欲望を内在化し、男性中心社会に要請される女性像を提言する場としても考えられるのである。[1] そしてここで構築された女性像を通して「規範的不安」（Giet 2005）が構築され消費が促されるといえるだろう。

それではつぎに、「ファッションの都パリ」というステレオタイプで語られるフランスに目を向けてみよう。アニエス・ロカモラは *VOGUE Paris* を取り上げ、そこに掲載される「パリジェンヌ像」――「理想的でファッショナブルなフランス人女性像がパリジェンヌとして再生産されてきた」（Rocamora 2019: Kindle 2304）（Rocamora 2006, 2019）――をつうじて、フランスの「国際的なファッション分野における支配的制度」（Rocamora 2019: Kindle 84）の分析をおこなっている。しかし、ファッションに特化している *VOGUE* とは異なり、女性の生き方なども取り上げる女性誌としての役割も果たしている他のフランスファッションメディアではどのような女性像が形成されていたのであろうか。

飯野扶佐子・伊佐治真奈美・竹内恵子は、女性雑誌における日本人女性モデルの「かわいさ志向」に加え、「ヨーロッパ系白人を世界的な「美」の基準とする文化的侵食のさまが見て取れる」と指摘する（飯野ほか一九八九：一四八）。この傾向を勘案すると、フランスの雑誌で構築された理想的女性像は、日本女性ファッション雑誌で提言される女性像に対して、どのような影響を与えていたのであろうか。本章ではこれらの問いを検討するため、①『an・an』の「かわいい」特集が刊行された期間[2]（一九八二年から二〇一三年まで）と同時代に刊行された*ELLE France* を取り上げ、それに含まれる女性有名人のインタビューページとファッション（化粧を含む）ページを分析の

[1] マスメディア側の発信するファッション言説の分析をおこなう研究に対し、マスメディアが発信した意味を読み手がどう読んだのかに関する研究の必要性を問う批判もある（成実二〇一九：五八など）。現代の情報社会において、「ファッション誌」が指し示すものも紙の雑誌に限らず、SNSなど多メディア展開している「ファッション・メディア」分析においては、コメントする「読者」を考慮にいれた研究もできるだろう。一例としてフランスと日本の『ELLE』のインスタグラムの公式アカウントにおけるファッション記事投稿を分析した研究（高馬二〇二一）によると、日本では読者／フォロワーによるコメントがほとんどないのに比べ、フランスではメディアによる提言に対して、読者／フォロワーがかなり辛辣なコメントも発しているという事実もある（高馬二〇二一）。また、その読者／フォロワーのコメントも、その人物の自己表象、もしくはメディア側の意図がおりこまれたものであるかもしれない。その人物にアンケート・インタビューをとったとしても同様であろう。あるいは、一見すると誰もがコメントでき民主的にも思われるデジタルメディアとしてのファッション・メディアでさえ、その権力性が隠蔽される可能性もある。このように読み手の研究を行ってもそれは自己／他者表象であり、現実の読み手とはいえないだろう。ソーシャルメディアのフォロワー分析についての議論は別の機会（高馬二〇二一）に譲るとして、ここで主張すべきはそれぞれの研究において何を明らかにするのかという目的によってメディア分析の手法は異なるといえる。そして本章においては、あくまでもファッション・メディア側がどのような意図で女性表象を構築しようとしているのかを考えていくことになる。そして日本で形成されたファッション雑誌の規範的理想的女性像があくまでも日本独自であるものを明示するために、その比較対象としてフランスの事例を取り上げ、考察を進める。

俎上に載せる。さらに最近（本章執筆時）の傾向をみるために、②二〇一八年度および二〇一九年度の夏に、フランスで刊行され発行部数の多かった男性ファッション誌・女性ファッション誌の女性モデルの掲載記事（ヌード、ファッション、化粧）を事例として、そこに掲載されている女性モデルを表現する際にどのような形容詞が使われているのか言説分析を実施する。そしてその考察を通して、本章ではフランスのファッション誌においてどのような理想的女性像が形成され読者にいかなる「規範的不安」を超えさせようとするのか検討していくことになる。

第二節　ファッションとジェンダー表象をめぐるメディア言説分析

ロラン・バルトが『モードの体系』で示した記号学的分析のように、伝達を無視し、どのような意味が構築されているかといった意味作用のみを明らかにしようとする構造主義的分析を乗り越えるかたちで、言葉をコンテクストとの関係から考察する言説分析においては「言語の使用面」、「発話行為」、「論証」といった概念が注目されてきた（Angermuller 2007: 9–22）。すなわち「社会歴史的に限定された伝達行為」としての言説は、たとえばその社会的、歴史的に限定されたコンテクストのもと、「フランス人女性とは……である」というような「枠組」——知識、文学、哲学、広告等——を正当化するものである。このような言説を分析する目的は、テクストの構成と社会的に限定された場とを結ぶ発話行為の装置を考えること（Maingueneau & Charaudeau 2002: 41–45）とされている。すなわち、その言葉が使われている社会・時代のコンテクストを踏まえて言説を分析することで、その社会や時代によって要請されたどのような「事実」が表象として構築されたのか、その過程を明らかにすることができるだろう。本章では、現代のフランスのファッション・メディアについて、時代のいくつかの事例を並行して考察することで、各社会、各時代に要請されて、それぞれのファッション誌のなかで読者自身を規定するどのような特徴（国籍・ジェンダー・年齢・階級など）（Kaiser 2012）を超えさせるべく「規範的不安」を構築し、どのような女性像が形成されるのかを検討していく。

第三節　欧米、日本における女性雑誌の女性表象の先行研究

ミシェル・ソロモン、リチャード・アシュモア、ローラ・ロンゴ（Solomon et al. 1992）によると、主要なアメリカのファッション雑誌において描かれる女性の特徴は「女性的（feminine）」、「セクシー（sexy）」、「エキゾチック（exotic）」、「親しみやすい（familiar）」、「官能的な（sexual）」、「魅力的な（attractive）」、「若い（young）」、「最新流行の（trendy）」という言葉で表されると指摘され、また、広告においては「あまりキュート（cute）という言葉が使われていない」と結論されている（田中・高馬二〇二〇：一〇-一一）。このように一九九〇代のアメリカの研究では、「かわいらしさ」が紹介されていないとされていた。フランスではどうだろうか。

アメリカ、ヨーロッパの女性誌では、理想的女性像を描写する形容詞として、一九世紀の初めにウォルター・スコットによって初出され、ハリウッド映画などでも使われるようになった「グラマラス」という言葉がさまざまな意味とともに用いられてきた（Gundle 2010: 69-84）とされている。本章で分析をしていくフランスのファッション誌では、日本において女性を形容する特徴的な言葉の一つとされる「かわいい」は見当たらないのか、また、欧米の理想的女性像の特徴である「グラマラス」に関係する語がみられるのか、それ以外にはどのような傾向があるのかについて考

［2］田中・高馬（二〇二〇）の論文の中で、『an・an』における「かわいい」という語の通時的言説分析を高馬が担当した。その中で『ELLE』と提携し、『an・an』の準備号として刊行された『平凡パンチ女性版』（一九六六年六月一〇日号、八月一〇日号、一九六九年一二月二四日号、一九七〇年二月二〇日号）から『an・an』創刊を経て、二〇一三年に「かわいいはもう卒業」という特集号が刊行されるまでのあいだに、「かわいい」という言葉がいかに女性像を構築していったか、通史的に「かわいい」の特集の言説を中心に考察した。大きく分けて、①『an・an』創刊前後のフランスの第二波フェミニズムに影響を受けたかっこいい女性像、②一九八〇年代以降の『ELLE JAPON』から分離した独立した『an・an』における無理のない自然体のかわいらしさ、③「かわいい」と「セクシー」などの対概念の提示、④二〇〇〇年代の大人かわいい、⑤かわいいから卒業し色気へ、という五つに分類できる（田中・高馬二〇二〇：一九）。

察していく。

第四節　*ELLE France* において形成される理想的女性像の変遷

本節では *ELLE France* の姉妹誌として発刊された『an・an』の「かわいい」特集において、かわいい理想的女性像が形成された（田中・高馬 二〇二〇）のと同時期（一九八二年-二〇一三年）、フランスの *ELLE France* でいかなる女性像が形成されていたのか考察する。

すでに紹介したように、日本の『an・an』では時代を追って「クール」「大人っぽい」「従順だがセクシャル」という風に時代によって含意する意味を変容しながらも、「かわいい」という言葉がファッションを身に着ける女性のイメージを示すのに使われ続けていた（田中・高馬 二〇二〇）。

しかし、そのような規範的女性像は日本特有のものといえるだろうか。*ELLE France* のファッションページでは、いかなる形容詞が使われ、どのような理想的女性像が提示されているのか。男性の視点はそこに内在化されているのか。フランスの男性誌において扱われる女性像とどのような関連があるのか。「西洋／東洋」の二項対立を表す「成熟／未熟」という考えは、*ELLE France* にも反映されているのであろうか。筆者は研究の対象として、創刊より二〇一三年のあいだに組まれた『an・an』で「かわいい特集」が組まれたのと同時期に出版された *ELLE France* におけるファッションページで構築された理想的女性像について比較検討をおこなう。

一　一九六六年-一九八二年（『an・an』が *ELLE France* の姉妹誌であった時代）

『an・an』が創刊時にお手本にした *ELLE France* の歴史について整理した書籍、『テル・ケル――彼女たちのように（telles qu'ELLE）』によると、一九六〇年代に創刊された *ELLE France* では、結婚の幸せのための化粧であったり、料理のレシピであったりを記事として掲載し、幸せなよい妻のイメージを構築していた（Pringle 1995: 12–13）。世界的な第二波フェミニズムの際、すなわちフランスでは五月革命（一九六八年）が起こった一九六〇年代、yéyés といった若いアイドルたちが紹介されるようになり、「ご婦人売り場」が消え去り、また貞淑な妻だけではなく、母親や娘が紹介されるようになったとされている（Pringle 1995: 16, 写真頁 5–6）。

ファッションにおいても、戦後一九四七年に発表されたクリスチャンディオールのロングスカート「ニュールック」以来、「幸せなよい妻」向けのエレガントをキーワードにするファッションスタイルがオートクチュールコレクションとして提案されていた（Pringle 1995: 33）。クレージュが一九六五年に、ミニスカートをオートクチュールコレクションで提言したことにより、センセーショナルを巻き起こしたことを皮切りとして、パリ・ファッションのイメージをめぐる若年化が進み、それまでの「保守的」で「エレガント」な主婦像とは異なる、「自由」で「クール」で「若い」女性像がファッション・メディアをつうじて提示されるようになった（Pringle 1995: 33）。一九六六年から一九八二年にかけて *ELLE France* は『an・an』と提携していたが、創刊当初の『an・an』はファッションページにおいて、姉妹紙である *ELLE France* の影響を受け、やはり「自由」で「クール」で「若い」女性のイメージといった女性像が形成されていたといえるだろう。

一九八一年の時点で *ELLE France* との提携を終えた『an・an』は、フランスの影響を受けることなく誌面構成を考えるようになったと考えられる。その後、『an・an』は一九八二年七月二日号において、「かっこいい女からかわいい女へ」という特集を組み、いわいるフランス的な「かっこよさ」ではなく、日本人読者にとっても無理のない「自然体のかわいい女」を理想像として提示するようになる（田中・高馬 二〇二〇：二五）。ここから *ELLE France* と『an・an』という、日仏女性ファッション誌において形成される女性像に相違点がみられるようになる。

同時期、一九八二年七月二日に発売された *ELLE France* のファッション特集を参照してみよう。そこでファッションスタイル、それを着用するモデルを形容する言葉としてみられるのは、「セクシー」、「肌をみせる」、「タイトにフィットしている」、「妖艶な」もしくは「glam（グラム）」という言葉である。先に指摘したステファン・グンドゥルによるとglam, glamourousという言葉は、ファッション雑誌*VOGUE*（アメリカでは一八九八年、フランスでは一九二〇年発刊）のようなフランスおよびアメリカの女性雑誌におけるキー概念であり続けていたと指摘される。グンドゥルは一九九四年から二〇〇〇年の事例をみるなかで、スーツ、ハイヒール、赤い口紅などをグラマラススタイルとして、セクシーなスタイルを喚起していたとする（Gundle 2010）。

また、同誌に掲載された、フランスの女優イザベル・ユペールによる二九歳のときのインタビュー記事において、彼女に対しては「かわいい」に該当するような形容詞は使われないものの、「半分大人で半分子供」な女性として描かれており、未熟さという側面が間接的に表されている。このようにフランスのファッション誌でも未熟さを含意する理想像が提示されていたことがうかがえる。

二　一九九〇年代－二〇〇〇年代

日本で一九九〇年代に企画された唯一の「かわいい特集」は、一九九二年五月一二日発行の『an・an』に掲載された、「美人！　かわいい！　きれい！　いちばんの誉め言葉は」という記事であった。同時期の*ELLE France*のファッション特集記事において、「かわいい」に相当するフランス語は見つからなかった。

これに対して二〇〇〇年代の日本における『an・an』では、従来とは異なるかたちで、「大人かわいい」という言葉により代表されるような、未熟と成熟が組み合わさった規範的女性像が提言されることになる（二〇〇四年九月二二日、二〇〇六年四月一九日、二〇〇九年八月二六日）（田中・高馬 二〇一〇）。このような日本の『an・an』で「大人かわいい」という規範的女性像が提言されたとき、同時期の*ELLE France*の女性のインタビューページ、また、ファッションページではどのような女性像が形成されていたのであろうか。イタリア人女優モニカ・ベルッチと当時のそのパートナーの二人を記述するのに、雑誌のなかでは「最もグラマラスなカップル」（*ELLE France* 二〇〇四年九月二〇日）との表現が使用されたり、フランス人女優であるエレーヌ・フィリエールを描写するのに、「美しい」だけではなく「強い」、「力強い」、「支配的」という形容詞が使用されたりしている（*ELLE France* 二〇〇六年四月一三日）。これらの用語は、「愛」と「パワー」を手にしたい読者の欲望を反映させながらも強制しようとしているといえよう。また、これとは対照的に、ファッション特集においては、「美しい」（*ELLE France* 二〇〇四年九月二〇日）、「超女性的」（*ELLE France* 二〇〇六年四月六日）、「スーパーセクシー」（*ELLE France* 二〇〇六年四月六日）、「グラマラス」（*ELLE France* 二〇〇七年一二月三日）のみならず、「かわいい“pretty”」（*ELLE France* 二〇〇七年一二月三日）、「愛しの chouchou（darling）」（*ELLE France* 二〇〇七年一二月三日）、「ガールズ」「ガーリー」（*ELLE France* 二〇〇九年八月二八日）という言葉も使用され、[3] 一見すると日本の形容詞「かわいい」の意味を彷彿させることばがソロモンほか(Solomon et al. 1992）の議論と異なり散見された。しかし、実際のところ、そのかわいいという形容詞が用いられた女性モデルの写真イメージはけっして幼くはなく、「未熟」という意味で使われていないことがうかがえるのである。

第五節　二〇一〇年代後半のフランスの男性ファッション誌、女性ファッション誌における規範的女性像の形成[4]

本節では社会的、時代的視座によって、フランスのファッション雑誌においていかなる規範的女性像が形成されるのか、フランスの男性ファッション誌および女性ファッション誌における女性表象を事例に検討する。資料の期

［3］*ELLE France* 二〇〇七年十二月三日の記事に関する言及のみすでに触れたが（田中・高馬 二〇二〇）、それを本章では他雑誌の傾向とあわせより発展的に考察する。

［4］第五節は、第三回ＥＡＪＳ日本大会発表「Desire to look young: A comparison of women's images in Japanese and French magazines」（Satoshi Ota & Kyoko Koma）の高馬の担当箇所を基として発展させたものである。

間としては、比較的最近である二〇一八年、二〇一九年の夏に出版された雑誌を分析資料体とする。雑誌を資料選定するにあたって、フランスのＡＣＰＭ（メディア、メディア統計同盟）で刊行部数の多い雑誌を選択し、分析対象とした。その結果、男性ファッション雑誌である『ＧＱ』、『ＬＵＩ』という雑誌、女性ファッション誌では *madame FIGARO, marie claire, ELLE, BIBA* を資料体とすることにした。

一　男性ファッション誌ＧＱ、ＬＵＩにおいて構築される女性像——裸体女性を事例に

男性ファッション誌『ＧＱ』と『ＬＵＩ』はどちらとも、実際の読者ではなく、雑誌が想定している読者、すなわちモデル読者（マングノー二〇一八：五七）が異なる。それらには、二種類の女性表象が共通してみられる。一点は歌手や女優といった活動紹介の対象となる人物、もう一点は男性によって見られる客体としての裸体の女性モデルである。『ＧＱ』は男性ファッション誌とはいえ、男性読者のみならず女性読者もターゲットにしている（*Libération* 二〇一七年六月一七日ＧＱ編集長談）。そんな『ＧＱ』二〇一八年八月号では「強い女性（Femmes puissantes）」というタイトルの特集が組まれ、九〇年代のスーパーモデルであったケイト・モスが裸体で誌面に登場している。このタイトルの「強さ」にもあるように、日本の『an・an』二〇一三年一月三〇日の「〝かわいい〟はもう卒業・身につけたいのは女の色気」で提示されているようなかわいいアイドルが見せるセクシーさ（二〇一三年一月三〇日）に代表される未熟なセクシーさではなく、女性のセクシャリティと強さが組み合わされて紹介されている。

『ＬＵＩ』という男性季刊誌は、「いつまでも車を購入し、女の子の服を脱がしたいと思う「少年」である読者向けの雑誌」（*Liberation* 二〇一七年六月一七日ＬＵＩ編集長談）である。上記した『ＧＱ』と同じ時期に刊行した二〇一八年春夏号において、同じように裸の女性の記事を見つけることができる。そのタイトルは「*notre fille*'（私たちの女の子）」と、先ほどの「成人女性（femmes）」を指す言葉ではなく、「娘、女の子（fille）」という言葉が用いられており、被写体を成熟していない女性として提示している。しかしここでモデルとして掲載されている「女の子」

は、写真のイメージでも未熟さを感じさせない女性であり、その「女の子」が手にしている小道具としてはタバコが使用され、それによって成人もしくは大人のイメージを形成している。すなわち、「娘、女の子」という言葉から想起される未熟さを含意する可能性を打ち消したイメージを構築しているのである。

二　二〇一八年、二〇一九年夏におけるフランスの女性ファッション雑誌における規範的女性像の形成

つぎに同時代におけるフランスの女性ファッション誌をみていこう。ここで分析対象としたのは、表紙のモデルをみても二〇代など若い読者層を想定していると考えられる*BIBA*、二五歳から四九歳の読者層をもつ*marie claire*（*Libération* 一九九九年六月一八日）、*LE FIGARO*というフランスの保守系全国紙に週末の付録として配布される*madame FIGARO*、二〇代-七〇代の読者層をもつ*ELLE France*である。

*BIBA*と*marie claire*をみていると若いモデルこそがここでもファッションページ、化粧特集のページで起用されている。しかし、メディアによって規範的美を提示するのに使われているのは、「自由」、「エレガンス」、「喜び」、「欲望」、「やさしさ」、「優雅さ」（*BIBA* 二〇一九年八月）といった言葉である。

*marie claire*のファッションページでは、新しいファッションや化粧を身に着ける若年層のモデルを形容するときに、「セクシー」、「自由」、「独創的」という言葉のみならず、力強さとセクシーとの結びつきを彷彿させる「セクシーなスリップドレスを身に纏うエレガントな歩兵」（*marie claire* 二〇一九年七月）というキャプションが用いられる。

しかし同時に、*BIBA*同号において、「編集者の手紙」という挨拶のところで、フランスの中道左派全国紙である*Le Monde*が、ある映画監督が仕事をするなら若い女優を好むといったことに関する記事を紹介しながら、若さ至上主義を批判している。ほかにも、これらの雑誌は五〇代、六〇代の女性を表象し、成熟した女性を尊重するよう促す（*BIBA* 二〇一八年七月）。また、*marie claire*同号で「女性にとって老いるということは何を意味するのか」という特集において、皺などを隠さない成熟した女性、女優の写真とそのインタビューが掲載される（*marie claire* 二〇一九年

七月）。また、*marie claire* とは異なり想定読者年齢層の広い *ELLE France* や *madame FIGARO* は五〇代の女優を、インタビュー記事のみならず表紙やファッションページに、「強度」、「人気のある」、「デリケートな」という言葉で描写しながらモデルとして起用している。

第六節　結　論

本章ではフランスのファッション・メディアの言説において、読者にいかなる「規範的不安」を越境させるために自分とは異なるどのような規範的女性像が構築されていったか、①『an・an』（創刊から二〇一四年まで）で「かわいい特集」が組まれた同時期に出版された *ELLE France* の女優のインタビュー記事、ファッション、化粧関連記事、②現代の状況、かつほかの媒体もみるために、二〇一八年および二〇一九年の夏刊行されたフランスの女性ファッション雑誌におけるファッションページ、男性ファッション誌の女性のヌード写真の取り扱い方についてフランスのそれぞれの時代のファッション・メディアを事例に考察した。

最初にたてた問いに答えるならば、*ELLE France* が『an・an』の日本人モデルに直接影響を与えていたのは、すでに述べたとおり、両誌が姉妹誌として提携していた初期の頃に限定されていたといえる。日本ほどフランスのファッション誌はセグメント化されておらず、読者の年齢層も広いため、さまざまな世代の多様な女性が一誌の読者でありうる。そのため多様な読者像に対応するさまざまな形容詞を用い、表紙、ファッションページにおける理想の女性像が形成されていたことが明らかになった。そして越えるべき規範的女性の特徴として「若さ」、「年齢」というのが共通してあげられよう。その若さを表す、理想的女性像を提示するのに特有の言葉の一つでもある「かわいい」という形容詞は、日本でのみ使われているわけではなかった。「かわいい」を彷彿させる語でもある「ガーリー」、「プリティ」、「女の子」などの言葉を用いながら、フランスの男性誌や女性誌のうえで理想的女性像が構築されるなど、理想的女性像の若年化も一部みられた。しかしそれは強さ、たとえば、強いという形容詞、女の子ではなく女性という言葉、もしくは女の子という言葉を使ったとしても、タバコなどをもたせて強いイメージをつくりあげるなどして提示される「強さと結びついた若さ」でもあった。そして考察したフランスのファッション・メディア上の化粧、ファッション特集で理想像として提示される女性のスタイルもグラマラスという言葉以外にも、さまざまな形容詞で紹介され選択肢が幅広く提案されている傾向がみられたのである。フランスのメディアでは多様な理想的女性像が構築されており、さらにその一つであるかわいらしさに関連する「ガーリー」、「プリティ」、「女の子」という言葉として提示される越境すべき「規範的不安」とはここではまさに「若さ」と考えられうるのではないか。しかし、フランスで「かわいい」は一つの理想像の選択肢として提言されるにせよ、また前述のように例外もあるにせよ、それは日本のように、基本的には未熟を含意しない形で提言されていると考えられるのではないだろうか。

◉引用・参考文献

赤木洋一（二〇〇七）『「アンアン」１９７０』平凡社

飯野扶佐子・伊佐治真奈美・竹内恵子（一九八九）「ファッションページにみるかわいさ志向とセクシー志向」井上輝子・女性雑誌研究会［編］『女性雑誌を解読する――COMPAREPOLITAN――日・米・メキシコ比較研究』垣内出版、一四七－一六八頁

国広陽子・東京女子大学女性学研究所［編］（二〇一二）『メディアとジェンダー』勁草書房

高馬京子（二〇〇三）「モードを構築・伝達するディスクール」『記号学研究23――暴力と戦争』東海大学出版会、一八九－二〇五頁

高馬京子（二〇二一）「デジタルファッションメディア空間における視線と言説――インスタグラム、ファッション、規範的女性像」高馬京子・松本健太郎［編］『〈みる／みられる〉のメディア論――理論・技術・表象・社会から考える視覚関係』ナカニシヤ出版、一二三－一三九頁

田中洋美・高馬京子（二〇二〇）「現代日本のメディアにおけるジェンダー表象――女性誌『an・an』における女性像の変遷」『明治大学人文科学研究所紀要』八七、一－四五

成実弘至（二〇一九）「新しいファッション・メディア研究に向けて」日本記号学会［編］『転生するモード――デジタルメディア時代のファッション（叢書セミオトポス）』新曜社、五五-六三頁
マングノー、D／石丸久美子・高馬京子［共訳］（二〇一八）『コミュニケーションテクスト分析――フランス学派による言説分析への招待』ひつじ書房
諸橋泰樹（二〇〇九）『メディアリテラシーとジェンダー――構成された情報とつくられる性のイメージ』現代書館
李津娥（二〇一二）「広告・消費・ジェンダー」国広陽子・東京女子大学女性学研究所［編］『メディアとジェンダー』勁草書房、一四五-一七七頁
Angermuller, J. (2007). Analyse du discours en Europe. In: S. Bonnafous & M. Temmar (eds.), *Analyse du discours et sciences humaines et sociales*. Paris: Éditions Ophrys.
Foucault, M. (1969). *L'archéologie du savoir*. Paris: Gallimard.
Giet, S. (2005). *Soyez libres! C'est un ordre: le corps dans la presse féminine et masculine*. Paris: Éditions Autrement.
Gundle, S. (2010). Le « glamour » et la presse feminine. In: H. Eck & C. Blandin (eds.), *« La vie des femmes » La presse féminine aux XIXe et XXe siècles* (Sous la direction de Eck Hélène et Blandin Claire). Paris: Université Panthéon-Assas.
Kaiser, S. (2012). *Fashion and Cultural Studies*. New York: Bloomsbury.
Maingueneau, D. & Charaudeau, P. (2002). *Dictionnaire d'analyse du discours*. Paris: Seuil.
Maynard, M. L. & Taylor, C. R. (1999). Girlish images across cultures: Analyzing Japanese versus U.S. seventeen magazine ads. *Journal of Advertising, 28*(1), 39-48.
Pringle, C. (1995). *Telles qu'ELLE: Cinquante ans d'histoire des femmes à travers le journal ELLE*. Paris: Grasset.
Rocamora (2009). *Fashioning the City: Paris, Fashion and the Media*. London: I. B. Tauris.
Rocamora (2019). #parisienne: Social media stratification in visions of Parisian women. In: V. Steele (ed.), *Paris, Capital of Fashion*. New York: Bloomsbury.
Solomon, M. R., Ashmore, R. D., & Longo, L. C. (1992). The beauty match-up hypothesis: Congruence between types of beauty and product images in advertising. *Journal of Advertising, 21*(4), 23-34.

第十章 解題

フランスのファッションメディアでは「エレガンス」な女性像、「グラマラス」な女性像が形成されてきたとされてきたが、現実には、代表的な女性及び男性ファッション雑誌のインタビューページ、化粧、ファッションページにおいて、実際にどのような理想的女性像が形成されてきたのか、また日本のファッション雑誌では「かわいい」女性像が時代によってさまざまな意味を含有しながら形成されるが、フランスでも「かわいい」女性像は形成されるのか、もしそうなら具体的にどのような日仏間で違いがあるのかについて検討した。

著者がファッションメディアにおける規範的女性像の研究をはじめたきっかけとして、ファッション業界PRとしてメディアに働きかけ、流行を作る仕事をしたことで、メディアを通して情報の受信者を操作したのではないか、という反省があったことがあげられる。ファッションを身に着けることで、さまざまな枠組みを超えて「なりたい自分」になろうとする、もしくは「規範的不安」を乗り越えさせるために、手の届かない理想像をメディアに設定して消費を促す、という構図を批判的に考察したいと考え、ファッションメディアにおける女性表象について関心を抱くようになった。

また、フランス、リトアニアという海外で生活したなかで、日本で当たり前と思っていたジェンダー規範、とくに規範的女性性が必ずしも他の国のそれと一致するとは限らないという、当たり前の事実に直面したこともこの問いを考えるきっかけとなった。たしかにデジタルメディアも発達し、文化情報がさまざまなかたちで、トランスナショナルに移動することにより、「フランス」文化や「日本」文化などといった枠組みについても、その既存の境界そのものも融解しているように思える。しかし、そんな昨今ですら、西洋のメディアにおいて、西洋／非西洋、成熟／未成熟という二項対立がいまだに形成されている事例もあり、とくにフランスのファッションメディアにおいて、通史的に未成熟な日本人女性像が構築されるが、そのステレオタイプ的イメージを規定し享受してきたフランスにおいて自らの規範的女性像をいかに形成してきたのかに関心をもつようになり、本章にあるようなフランスのファッションメディアで描かれる女性像の調査をはじめた。今回まとめたものは科研基盤研究C（16K02050）「フランスとリトアニアにおける社会規範としての女性性形成の比較研究」の成果の一部でもある。

おわりに

本書は「学問領域の越境」と「地理的空間の越境」という二つの越境を軸として、これまで分断されてきた芸術学・言語文化・文化人類学・メディア論など人文科学を中心とする多様な領域の出身で、これまで分断横断的に国内外で研究活動を展開してきた研究者たちによるファッション・スタディーズの論文集である。複雑に交差したグローバル化するファッション史と文化論の論点を抽出し、問題発見の手引きとすることをめざした。

そもそも編者二人が出会ったのは、高木陽子が登壇した日仏会館におけるシンポジウム「人文社会学におけるファッション研究の現状——日仏の比較」（二〇一八年二月二七日）に高馬京子が参加したことがきっかけである。ファッションを学問として研究するとはどういうことかを考え続けていた高馬に、このシンポジウムのことを伝えたのは当時の坂井セシル館長（パリ第七大学）であった。このシンポジウムのなかで、高木はフランス国立社会科学高等研究院教授のアンヌ・モンジャレ氏とともに、人文社会科学において伝統的におこなわれてきた歴史的アプローチのせいでないがしろにされてきたファッション研究の日仏間の学術的背景について議論を展開し、ファッションを学問として研究していくことの実績や可能性を示唆していた。このシンポジウムは学術的領域の越境、また日仏といった地理的空間の越境をテーマにしたものであり、この二つの「越境」をキー概念とするファッション・スタディーズを主題とする本書を準備するきっかけとなったものである。

さまざまな学問分野において、ファッションは研究対象としては議論されてきたし、研究対象をファッションに特化させた研究者によるファッション研究論文も存在する。しかし、ファッション学のような独立した研究領域として考えられてこなかった。

ファッションに関するテーマには多様で複雑な問いが潜んでおり、それらを検討するためには、さまざまな学術領域からファッションに関する問いをたて検討する必要がある。本書では、その第一歩として、これまでほとんど協働したことがない芸術学・言語文化・文化人類学・メディア論など人文科学を中心とする研究者を集めた。かれらは、高木が主宰するTransboundary Fashion Seminarの参加者であったり、高馬の共同研究者であったり、編者と何らかのかたちで協働してきた研究者たちである。各著者は、本書の趣旨にこたえて、人文科学における各学問領域において、ファッションについていかなる問いが存在し、それをどのように分析し、解決していくのかを提示した。

その結果、本論文集は、驚くほど多様性に満ちたものになった。学問領域が異なると同じ対象をみても問いのたて方、調査方法、論文の書き方も異なってくる。論文として成り立つか成り立たないか、正しいか正しくないかを判定する基準も異なってくる場合もある。しかし、私たちは、ファッション研究のつぎの段階は、そのような「違い」を超えて、さまざまな学問領域の視点から考察し、必要があれば共同研究することでファッションが内包するさまざまな問いが明らかになるのではないかと信じて、この企画をすすめたのであった。

本書の企画をはじめたのは、まだコロナ禍が世界を席捲する以前のことであった。新型コロナウイルスが拡散するにつれ、それまで普通におこなわれていたグローバルな移動がほぼ停止され、物理的に接触することが困難になり、「ニューノーマル」といわれる時代に様変わりしていった。本書が扱った内容はどのように変化したのか。また、変化しなかったのだろうか。

本書の編集にあたり、コロナ禍が研究テーマに与える影響について、各章の著者に問いかけた。第一章を論じた沢辺は、私たち人間は、今改めて、どのように自然と関係性をつくりあげていくべきなのか、問われていると答えてくれた。コロナウイルスという〝自然〟の到来によって、人びとだけでなく、モノの往来もストップし、システムは機能不全に陥り、人間が自然をコントロールできるというグローバル資本主義の生産様式を支える前提は瓦解した。コロナ禍のなかで、自然と交感し、自然に感応するための技術、そしてその技術を基軸としたモノの価値について、改めて問われなければならないと述べている。

また、第七章をまとめた中村は、外出禁止令やロックダウンが続くなか、ストリートの文化表現が減っていくのかもしれないと懸念していたが、実際にはまったく逆のことが起きたという。二〇二〇年五月二五日、ミネアポリスでの白人警察官による黒人男性ジョージ・フロイド氏殺害をきっかけに、ブラック・ライヴズ・マターの抗議活動が路上で急展開をみせた。それまでも約七年間にわたり継続してきた運動だったが、かつてない規模で全米に広がりをみせたことを指摘している。

第六章をまとめた田中は、越境には、内的な越境と外的な越境があるとする。外的な越境は、地域社会の越境に関わる。内的越境とは、ある社会におけるさまざまな社会的カテゴリーを撹乱することを意味するとする。私たちは、コロナ禍で外国旅行や留学などができなくなり、また不要不急の外出自粛を要請され、より内向的になったとする。しかし、この内向性によって男と女、子どもと大人、成人と老人、未婚と既婚、富裕層と貧困層、異性愛と同性愛、その他性的マイノリティ、健常者と障がい者といった、今まで当たり前と思っていたような二項対立について考えることになったのではないかと問いかける。

編者は、コロナ後は、デジタル技術を介した人とモノの移動と交流がさらに加速されると予想する。そのような状況下では、国の単位を超えてファッションが形成され消費されていくように、ネイションという概念とファッションはますます離れていくのではないのか。日本ファッションといった時の真正性はどこに所在することになるのか。また、コロナ禍になって、オンライン上、ゲーム、ヴァーチャル空間でのコミュニケーションが促進されることで、実際の身体を放棄し、デジタル技術によって加工された身体、またアバターといった第二の身体にファッションを身にまとう傾向がますます顕著になったときに、ファッションとアイデンティティの関係はどう変化するのか、そこに大きく関わる「身体」の概念そのものが変化していく可能性も想定されるのである。これらのファッション・スタディーズの問いに対しては、今後もより平等で開かれた学際研究とさらなる国内外の共同研究や研究情報交換が求められるだろう。
本書出版にあたり、多くの方にお世話になった。とりわけ、筆者の一人でもある松本健太郎さんには、編集にあたり多大なる尽力をいただいた。また、ナカニシヤ出版の米谷龍幸さんには、本書企画を受け入れていただき、出版まですすめていただいた。心から感謝を申し上げます。

二〇二一年八月
高木陽子・高馬京子

人名索引*

*原則、姓、名の順で掲載する。ただし、芸能人などの著名人は、名、姓の順で記載する場合がある。

事項索引

執筆者紹介（執筆順・編者は＊）

高木陽子＊（たかぎ ようこ）
文化学園大学服装学部教授、
大学院生活環境学研究科教授
担当：はじめに、第2章、おわりに

高馬京子＊（こうま きょうこ）
明治大学情報コミュニケーション学部専任准教授
担当：はじめに、第10章、おわりに

沢辺満智子（さわべ まちこ）
ポリフォニープレス代表、一橋大学・多摩美術大学非常勤講師
担当：第1章

サスキア・トゥーレン（Saskia Thoelen）
文化学園大学服装学部助教、
大学院生活環境学研究科助教
担当：第3章

馬冬（ま どん）
西安工程大学新媒体芸術学院教授・学院長
担当：第4章

松本健太郎（まつもと けんたろう）
二松学舎大学文学部都市文化デザイン学科教授
担当：第4章

劉心迪（りゅう しんでぃ）
西安工程大学新媒体芸術学院広播電視編導系講師
担当：第4章翻訳

本橋弥生（もとはし やよい）
独立行政法人国立美術館主任研究員、青山学院大学・京都芸術大学非常勤講師
担当：第5章

田中雅一（たなか まさかず）
国際ファッション専門職大学国際ファッション学部教授、京都大学名誉教授
担当：第6章

中村 寛（なかむら ゆたか）
多摩美術大学美術学部共通教育教授
担当：第7章

門傳昌章（もんでん まさふみ）
シドニー大学芸術社会科学部日本語研究学科研究員
担当：第8章

太田　哲（おおた さとし）
多摩大学グローバルスタディーズ学部教授
担当：第9章

越境するファッション・スタディーズ

これからファッションを研究したい人のために

2021 年 12 月 10 日　　初版第 1 刷発行

編著者　高木陽子
　　　　高馬京子
発行者　中西　良
発行所　株式会社ナカニシヤ出版
〒606-8161　京都市左京区一乗寺木ノ本町 15 番地
Telephone　075-723-0111
Facsimile　075-723-0095
Website　http://www.nakanishiya.co.jp/
Email　iihon-ippai@nakanishiya.co.jp
郵便振替　01030-0-13128

印刷・製本＝ファインワークス／装幀＝白沢　正

ISBN978-4-7795-1603-0